DÉTAILS SUR LA VIE ET LA MORT
DE LA
Mère MARIE-ANTOINETTE

RELIGIEUSE-TRAPPISTINE

Décédée à la Cour-Pétral, le 9 janvier 1872

PAR

M. l'abbé GAUTIER

Missionnaire de Notre-Dame du Chêne

CHARTRES

IMPRIMERIE DURAND FRÈRES, RUE FULBERT

1876

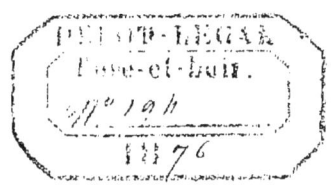

DÉTAILS SUR LA VIE ET LA MORT

DE LA

MÈRE MARIE-ANTOINETTE

RELIGIEUSE-TRAPPISTINE

DÉTAILS SUR LA VIE ET LA MORT

DE LA

Mère MARIE-ANTOINETTE

RELIGIEUSE-TRAPPISTINE

Décédée à la Cour Pétral, le 9 janvier 1872

PAR

M. l'abbé GAUTIER

Missionnaire de Notre-Dame du Chêne

CHARTRES

IMPRIMERIE DURAND FRÈRES, RUE FULBERT

1876

LETTRE

DE LA RÉVÉRENDE MÈRE ABBESSE DU MONASTÈRE DES TRAPPISTINES DE LAVAL TÉMOIGNANT LE DÉSIR QUE LES DÉTAILS DE CETTE VIE SOIENT MIS SOUS LES YEUX DES RELIGIEUSES DE CETTE COMMUNAUTÉ.

Notre-Dame de la Trappe de l'Immaculée-Conception.
Laval, le 29 août 1874.

Je joins ici inclus, Monsieur l'Abbé, les quelques détails que j'ai pu recueillir sur la bonne mère Antoinette, car c'est travailler à la gloire de Dieu que de faire connaître l'opération de sa Mère dans les âmes qui lui sont consacrées. « Dieu est admirable dans ses saints. A force d'admirer, peut-être finirons-nous par imiter, etc. »

Sœur Marie-Clémence, Supérieure.

LETTRE

DE LA RÉVÉRENDE MÈRE SUPÉRIEURE DE NOTRE-DAME DE LA TRAPPE DE LA COUR PETRAL.

Vous trouverez sous ce pli, Monsieur l'Abbé, les notes que nous avons recueillies sur notre vénérée mère Antoinette : le propre de cette belle âme était de se tenir cachée. Que l'Esprit Saint vous guide dans ce précieux travail, qu'il nous tarde de voir terminé pour la plus grande gloire de Dieu dans sa fidèle épouse, etc.

Sœur Marie-Madeleine, Prieure.

DÉTAILS SUR LA VIE ET LA MORT

DE LA

MÈRE MARIE-ANTOINETTE

RELIGIEUSE-TRAPPISTINE

Une religieuse est morte en odeur de sainteté au monastère de Notre-Dame de la Trappe de la Cour Pétral, diocèse de Chartres, le 9 janvier 1872, âgée de soixante dix-sept ans, après quarante-six années de profession.

Ce n'est pas sans être vivement pénétré de mon incapacité et insuffisance que j'entreprends de retracer ici le tableau abrégé des perfections et vertus éminemment religieuses qui ont éclaté dans cette sainte épouse de J.-C. J'ai résisté d'abord aux prières réitérées qui m'ont été faites à ce sujet. Mais, comme Dieu s'est servi de mon ministère pour diriger cette âme prévenue de tant de grâces et lui aider à suivre la vocation à laquelle notre divin maître l'appelait, j'ai connu bien des choses concernant son intérieur et la vie qu'elle menait dans le monde que d'autres ne pourraient raconter. J'ai donc cédé aux instances qui m'ont été faites par son respectable frère, M. Mezerette, curé de Fontenay, qui lui-même a toujours été si pieux, et par les révérendes mères et religieuses de la Trappe, qui ont consenti à me procurer les renseignements dont j'avais besoin pour entrer dans le détail d'une vie pleine de mérites, et raconter les trésors de grâce cachés dans cette âme d'élite, fille du roi de gloire.

Je ne pouvais me refuser, à la fin, de me rendre à des désirs si légitimes qui n'ont pour but que de perpétuer parmi les Trappistines le souvenir des exemples édifiants et des vertus de cette parfaite religieuse, qui était regardée comme une sainte. Que Dieu, qui est admirable dans ses saints, soit loué et béni à jamais! Tout pour sa gloire et son amour, et l'édification et la consolation des pieuses cénobites qui l'ont connue et admirée.

Celle dont nous parlons ici portait dans le monde le nom de demoiselle Emilie Mezerette-Deslorriers, en religion sœur Marie-Antoinette. Née à Villaines-la-Juhel (Mayenne), en juin 1795, de parents chrétiens et pieux, elle eut pour père M. Joseph-Marie Mezerette-Deslorriers, notaire à Courcité, et pour mère dame Louise Chaignon. Elle comptait parmi ses ancêtres bon nombre de prêtres, de religieux et de religieuses. Elle avait pour aïeule Madame Chaignon, qui, étant devenue veuve, après avoir établi convenablement dans le monde ses enfants qui étaient nombreux, prit la généreuse résolution de se donner à Dieu. Elle entra au monastère des religieuses du Calvaire, à Mayenne, y fit sa profession et devint une sainte épouse de Jésus crucifié. M. et Madame Mezerette ont eu six enfants de leur mariage; les deux aînés, la sœur Marie-Antoinette et M. Joseph Mezerette, curé de Fontenay, naquirent pendant la première révolution. Leur pieuse mère ne négligea rien pour les instruire chrétiennement et les porter à la vertu. Elle ne voulut pas qu'ils fussent baptisés par le prêtre intru qui avait fait le serment contraire à la foi. A la rentrée des prêtres catholiques, elle les conduisit à l'église pour les faire baptiser par le premier curé rentré de l'exil; ils n'eurent point de parrains, ni de marraines et il répondirent pour eux-mêmes.

Cependant, la jeune Emilie Deslorriers croissait en âge et en sagesse sous les yeux de ses parents dont elle faisait la consolation; ils n'avaient pas besoin de faire des instances ni de commander pour l'engager à remplir ses devoirs, le moindre signe de leur volonté suffisait ; elle volait au devant de leurs désirs, et exécutait de suite, sans jamais désobéir, tout ce qui pouvait leur être agréable. A l'âge de 17 ou 18 ans, un oncle, qui habitait Paris, désira avoir sa nièce avec lui. Elle fut, au milieu de la capitale comme à la campagne, toujours unie à Dieu, fidèle à ses exercices de piété, assistant à la sainte messe, fréquentant les sacrements ; c'est alors qu'elle fut atteinte d'une maladie qui devint dangereuse. Le médecin qui la soignait déclara que, si elle recouvrait la santé, elle vivrait longtemps, ce qui s'est effectivement réalisé. Etant revenue à Courcité chez ses parents, c'est à cette époque que je fus nommé vicaire de cette paroisse, en 1819, et voulant commencer les fonctions de mon ministère sous les auspices de la très-sainte Vierge, la bienheureuse et immaculée reine du ciel, je me rendis à mon vicariat la veille de la fête de la Nativité. Madame Mezerette et Mademoiselle Emilie Mezerette, sa fille, vinrent toutes les deux les premières me trouver et me prier de les diriger dans les voies du salut, elles voulaient se confesser pour communier le lendemain, jour de la fête. Je ne fus pas longtemps sans remarquer dans la jeune pénitente qui s'était adressée à moi tant de ferveur et de perfection que, dès lors, je ne pouvais m'empêcher de la regarder comme une future religieuse. Le monde n'était rien pour elle, elle quitta d'elle-même, sans que je lui eusse jamais dit un seul mot, à ce sujet, ni ses parents non plus, les habits dont elle était revêtue à Paris, et qui lui paraissaient sans doute trop élégants, quoique simples, mais elle voulait en avoir d'autres plus simples encore, dont la propreté fît tout l'ornement. Elle préluda dès lors à la grande démarche qu'elle devait faire un jour lorsqu'elle quitterait les parures du monde, pour se revêtir des livrées de la religion. Je me trouvai porté d'inclination, dès ces premiers moments où je remarquai en elle une vertu si solide, à l'engager à faire la communion fréquente et même quotidienne. Je pensais que ce serait une bénédiction et une édification pour la paroisse, et je ne me trompais pas. Elle édifiait tout le monde par sa régularité, elle ne connaissait que la maison de Dieu et la maison de ses parents; mais, quand elle paraissait dans le bourg au milieu des personnes qui avaient besoin d'être consolées ou secourues, elle était toujours prête et empressée à les secourir, jamais on ne l'a vue refuser un service qu'elle pouvait rendre, ni entendue prononcer une parole désobligeante, et qui pouvait blesser la charité. Moi-même qui allais quelquefois chez ses parents, jamais je ne l'ai trouvée en défaut ; je puis le dire, sa conduite était marquée au coin de la retenue, de la sagesse et de la modestie, son âme pure et candide ne connaissait pas le mal, tout en elle respirait la paix et la vertu, et, je le dirai ici, l'exemple d'une vie si parfaite, ses prières si ferventes m'ont puissamment excité, dès l'aurore de mon sacerdoce, à aimer celui qui seul mérite les affections de nos cœurs.

Quand elle vint me trouver pour me faire connaître l'attrait qui la portait à embrasser l'ordre des Trappistines de Laval, et qu'il fut décidé qu'elle entrerait dans cette communauté, ayant obtenu le consentement de ses parents, cette nouvelle s'étant répandue, les habitants de Courcité, surtout ceux du bourg, s'affligeaient de son départ. On la regrettait ; les jeunes gens, même les moins édifiants, disaient: nous perdons celle qui était la bénédiction et l'édification de la paroisse, un d'entre eux pleurait en disant : c'était une sainte parmi nous.

Mais, avant son entrée en communauté, elle était allée passer quelque temps chez M. son frère, alors aumônier de l'hospice général de Saint-Louis de Laval. La direction d'un père jésuite l'affermit dans sa vocation, elle alla de là faire une retraite à l'abbaye de la Trappe, près Laval. Elle rentra chez son frère avec la résolution bien arrêtée de se consacrer à Dieu chez les Trappistines de sainte Catherine, elle partit aussitôt pour aller faire part de cette bonne nouvelle à son père spirituel, l'abbé Gautier, qui la bénit. Ses bons parents qui l'aimaient si tendrement, firent généreusement et avec foi leur sacrifice, ils y étaient préparés d'avance. Ce fut le 20 mai 1828 qu'elle fit son entrée en la communauté où Dieu l'appelait. Trois mois après, elle fut admise au noviciat. Son frère prêcha sa prise d'habit en présence de sa pieuse mère qui renouvelait l'oblation qu'elle avait déjà faite de sa fille.

L'année d'après, la révérende mère abbesse m'invita à aller prêcher sa profession qui eut lieu le 28 juin 1829. Comme c'était la première fois que je parlais à des religieuses cloîtrées, fidèles épouses de J.-C., jamais je n'ai été si vivement impressionné. Je voyais en elles, non pas des habitantes de ce monde visible, mais plutôt des âmes angéliques et célestes. Je sais bien que dans mon discours je disais à la jeune et fervente professe, sœur Marie-Antoinette, à qui j'adressais la parole, qu'en devenant l'épouse d'un Dieu crucifié, elle devait aimer la croix, et s'immoler comme une victime, à l'exemple de son divin maître, pour le salut des pécheurs et du monde entier. Et c'est ce que cette sainte religieuse a toujours fait. Elle était dévouée à la pénitence, et n'avait en vue que Dieu seul et sa gloire.

La révérende mère abbesse Elisabeth me donna, ce jour là, qui fût si consolant pour moi, un gracieux témoignage de sa charité bienveillante et parfaite, elle me présenta une attestation imprimée et signée de sa main par laquelle elle certifiait que, tant que je vivrais, j'aurais part aux sacrifices, aux mérites, bonnes œuvres et prières des religieuses de la communauté ; je regardai cette grande faveur comme un présent du ciel et le plus précieux que Dieu dans sa bonté pouvait m'accorder. Je m'estimais on ne peut plus heureux d'être en communication de prières avec des âmes si saintes. De son côté, le R. P. Jean de la Croix, du Port du salut, qui alors était confesseur des Trappistines de sainte Catherine, et qui à mes yeux représentait celui dont il portait le nom, que sainte Thérèse, de son temps, appelait le religieux le plus intérieur et le plus parfait, le R.-P. Jean de la Croix, daigna me donner lui-même un témoignage d'affection bien avantageux pour moi; il promit à ma sollicitation de m'écrire quelquefois pour m'engager à aimer Dieu et à le faire aimer, et il a été assez bon pour le faire, rarement il est vrai, mais ses lettres et ses paroles faisaient la plus vive impression sur moi. J'étais jeune prêtre encore et j'avais besoin d'être éclairé, excité, fortifié.

Mais, entrons maintenant dans le détail des qualités éminemment religieuses qui ont brillé avec éclat dans cette véritable épouse de notre Seigneur J.-C. Sa vie était toute cachée en Dieu aussi bien dans le monde qu'en religion. Cependant son amour pour Dieu était si ardent, si embrasé, sa foi si vive, qu'elle eût voulu, si on n'avait pas arrêté l'ardeur de son zèle, embrasser toutes les dévotions possibles pour prouver à son divin maître le désir qu'elle avait de le servir et de lui plaire.

SON AMOUR POUR DIEU.

Le plus grand commandement que J.-C., notre adorable et divin maître, nous prescrit de la part de son père céleste, le voici : « Vous aimerez le Seigneur votre Dieu de
» tout votre cœur, de toute votre âme, de toutes vos forces ;
» et il ajoute ensuite : Vous aimerez le prochain comme
» vous-même. » Or, sœur Marie-Antoinette pratiquait ces

deux commandements dans la perfection. Elle savait que Dieu est tout amour et la charité même, *Deus charitas*, et elle avait consacré, dès le commencement de son existence, à ce Dieu si aimable et si bon son être tout entier, son esprit et son cœur; toutes les forces de son corps et les facultés de son âme se portaient vers Dieu seul, et étaient employées à l'aimer. Mais, si cet amour était si ardent lorsqu'elle vivait dans le monde, oh ! combien il dut s'enflammer encore davantage en religion ! Comment, en effet, pouvait-il en être autrement ? Elle avait pour la diriger dans les saintes voies de l'amour divin, la révérende mère abbesse Elisabeth qui, par son esprit éclairé et son cœur embrasé d'ardeur, était comme un archange. Elle inspirait à toutes les filles de sainte Catherine une tendre et solide dévotion pour notre Seigneur J.-C. Elle avait encore pour directeur de son âme le révérend père Jean de la Croix qui était comme un séraphin par le zèle brûlant qui l'animait pour procurer la gloire du divin maître que nous servons et pour la perfection des âmes. On peut en juger par la lettre suivante qu'il m'adressa de sainte Catherine de Laval, et que j'ai conservée jusqu'à présent. Je pense que toutes les religieuses Trappistines de la communauté dont nous parlons et de la Cour Pétral, surtout les anciennes qui ont connu cet excellent et si zélé père directeur, seront bien aises d'entendre cette lecture où le cœur du vénéré et saint religieux se fait connaître. Sa charité éclate sans qu'il eût l'intention de la faire paraître.

Voici ce qu'il me marquait, en m'écrivant de sainte Catherine, le 23 avril :

La sainte volonté de Dieu !

Monsieur,

« Mille remerciements, quoiqu'un peu tard, pour le bon
» livre que vous avez bien voulu m'envoyer et pour la lettre
» dont vous l'avez accompagné. Je reconnais bien à cette

» nouvelle marque de votre amitié pour un sujet qui la mé-
» rite si peu, les qualités de votre cœur et les effets de votre
» zèle. Puisse le seigneur, dans son infinie bonté, vous com-
» bler chaque jour de nouvelles grâces, vous rendre sans
» cesse plus agréable à ses yeux, plus propre à avancer sa
» gloire, à lui gagner des cœurs et à les embraser de son
» saint amour ! Ce sont là, Monsieur, les vœux que je forme
» pour vous, et qui se réalisent, j'espère, non en vue de mes
» faibles prières, mais bien en considération de votre fidélité,
» et de ce désir ardent dont votre cœur est pressé de possé-
» der par les motifs les plus purs, les dons les plus exquis de
» la grâce, la charité et la plus parfaite charité. *Beati qui*
» *esuriunt et sitiunt justitiam quoniam ipsi saturabuntur*.
» (Heureux ceux qui ont faim et soif de la justice, ils seront
» rassasiés.)

» Que nous sommes heureux, mon cher Monsieur, de
» servir ce grand maître à qui rien n'échappe, ce maître si
» bon qui récompense jusqu'aux désirs mêmes, ce maître,
» enfin, si puissant, si parfait, si aimable qu'on ne peut con-
» naître sans l'aimer, que l'on ne peut connaître parfaitement
» sans aimer d'un amour véhément et nécessaire, incapable
» du moindre refroidissement ! Que ne nous est-il donné de
» faire parvenir tous les hommes à la connaissance de ce
» souverain être dont ils tiennent tout ce qu'ils sont, pour
» lequel ils sont créés, et qui néanmoins, pour l'immense
» majorité, est l'objet dont ils s'occupent le moins ! Que ne
» nous est il donné d'embraser tous les cœurs de son saint
» amour, de cet amour sacré qui ferait de l'enfer un para-
» dis, s'il pouvait encore trouver place dans le cœur des
» malheureux réprouvés ! Mais non, ce que le seigneur de-
» mande de nous, c'est que nous employons de notre
» mieux pour sa gloire le talent qu'il nous a confié, c'est
» que nous priions sans cesse pour nos frères aveuglés,
» endurcis, pour le monde entier ; c'est que nous travail-

» lions constamment, efficacement à détruire en nous-
» mêmes tout ce qui s'oppose encore à ses desseins et aux
» opérations de sont saint esprit dans nos âmes, afin de
» parvenir à ce bienheureux état où nous puissions dire
» avec vérité comme le grand apôtre : Je vis, mais ce n'est
» plus moi qui vis : c'est Jésus-Christ qui vit en moi ; et
» afin aussi de le dédommager par là de l'ingratitude du
» reste des hommes. Car tel est le Dieu que nous servons,
» qu'il se tient consolé, si l'on peut parler ainsi, de tant
» d'outrages faits tous les jours à sa majesté suprême,
» lorsqu'il rencontre de temps en temps, (qui le croirait?)
» une âme de bonne volonté qui veut bien s'abandonner
» entièrement à son esprit, se donner à lui sans réserve
» et sans partage. Ah! mon vertueux ami, quel plus puis-
» sant motif pour ne rien refuser à ce Dieu de bonté !
» Satisfaire le cœur d'un Dieu, le réjouir, le consoler, est-
» il de bonheur semblable à celui là? En est-il de plus
» digne de notre ambition?

» Agréez, Monsieur, ces deux petites sentences comme
» un gage de la tendre et respectueuse affection que je
» vous porte en notre Seigneur. »

F. Jean de la Croix, *directeur*.

Dans une autre lettre datée du 24 juillet 1829, il finissait par ces paroles toujours enflammées du feu de la divine charité. « Oh oui! mon vertueux ami, perdons-
» nous en Dieu, soyons tout transformés en lui seul, qu'au-
» cune vue humaine, qu'aucun intérêt particulier, qu'aucun
» retour d'amour-propre n'entre en ce que nous pensons,
» disons ou faisons. Qu'à Dieu seul, qu'aux seuls intérêts
» de sa gloire se rapportent uniquement nos pensées, nos
» projets, nos désirs, nos actions. Que, semblables en cela à
» une goutte d'eau jetée dans un tonneau de vin, nous
» soyons tout perdus, tout dénaturés, quant au vieil

» homme, en Dieu. Ce qui nous revient de droit, ce que
» nous devons garder pour nous, ce sont les humiliations
» et les souffrances. Le néant ne mérite aucun égard, au
» pécheur sont dus le mépris et la croix. »

« Veuillez croire à mes sentiments respectueux et dé-
» voués. »

F. Jean de la Croix, *directeur*.

Voilà ce que m'écrivait ce directeur si saint et si zélé. Or je me suis dit plusieurs fois, en moi-même, en lisant cette lettre : si un religieux si parfait pouvait, par ses écrits, faire une profonde et sensible impression sur mon cœur qui était tout de glace comparé à celui de la sœur Marie-Antoinette, combien cette sainte religieuse qui était si bien préparée à recevoir la semence de la doctrine chrétienne, devait-elle s'enflammer d'ardeur en suivant les saintes voies de l'amour divin qui lui étaient tracées ! C'est ce qui lui est arrivé.

Nous voyons, en lisant un passage des écrits de saint Augustin, qu'il enseigne la manière d'aimer parfaitement par-dessus toutes choses, c'est-à-dire de toute son âme, de toutes ses forces. Quel est le moyen qu'il indique à ce sujet ? Le voici, retenons bien ces paroles, ne les oublions jamais. « Il faut, dit-il, à la vue des objets qui se pré-
» sentent à nous dans la nature, et des merveilles qu'étale
» à nos yeux l'œuvre de la création, élever son cœur et
» son esprit vers Dieu, penser à lui, et produire des actes
» de son amour. » D'après cet enseignement de ce grand docteur, tout ce qui est au ciel et sur la terre, dans l'univers, tout nous parle de l'amour de Dieu, tout nous prêche cet amour. Les bois, les prairies tapissées de verdure, les rochers ombragés, les coteaux, les vergers plantés d'arbres fertiles, ne semblent-ils pas prendre de l'âme et du sentiment pour nous crier, d'une voix forte : Aimez Dieu,

enfants des hommes, bénissez son saint nom pour les bienfaits innombrables dont il vous comble ! C'est lui qui a créé le monde et qui l'a fait par amour pour vous.—Ainsi à la vue du soleil qui tous les jours se lève sur nos têtes et, parcourant sa carrière, verse des torrents de lumière et nous communique sa chaleur vivifiante, nous devons dire : Mon Dieu, je voudrais produire autant d'actes de votre amour que le soleil répand de *rayons lumineux* pour éclairer le monde. — A la vue des astres, des étoiles qui brillent au firmament pendant la nuit comme autant de flambeaux allumés pour exciter le feu de l'amour divin dans nos cœurs, nous devons dire : Mon Dieu, je voudrais produire autant d'actes de votre amour qu'il y a d'étoiles au firmament. — A la vue de la verdure et des arbres couverts de feuilles et qui portent des fruits délicieux, disons : Mon Dieu, je voudrais produire autant d'actes de votre amour qu'il y a de feuilles dans les forêts sur tous les arbres. — A la vue des campagnes couvertes de moissons abondantes et des jardins qui donnent les productions nécessaires à la vie de l'homme, disons : Mon Dieu, je voudrais produire autant d'actes de votre amour qu'il y a d'épis de blé et de grains de froment destinés à nous servir de nourriture et aux oiseaux du ciel qui ne sèment ni ne moissonnent, et dont le père céleste a soin. — A la vue des fleurs qui au printemps sortent de terre et s'épanouissent aux rayons du soleil, disons : Mon Dieu, je voudrais produire autant d'actes de votre amour qu'il y a de fleurs dans les jardins et les parterres et les prairies émaillées d'herbes fleuries. — A la vue d'une source jaillissante ou d'un ruisseau dont l'eau coule sous nos yeux, disons : Mon Dieu, je voudrais produire autant d'actes de votre amour qu'il y a de gouttes d'eau dans les fleuves et les mers. — A la vue des grains de sable que nous foulons aux pieds, disons : mon Dieu, je voudrais produire autant d'actes de votre amour qu'il y a de grains de sable sur les rivages des mers ou entassés sur les montagnes. C'est ainsi que les âmes intérieures et ferventes s'élancent vers Dieu par des aspirations fréquentes et les actes d'un amour enflammé.

Eh bien ! c'est ainsi que la mère Antoinette agissait : En effet, une religieuse de la communauté nous dit dans ses notes « qu'elle ne perdait point la présence de Dieu, » qu'elle élevait sans cesse son esprit et son cœur vers lui, » et qu'on voyait bien que son âme lui était toujours unie » et lui témoignait son amour. » Oui, toutes les créatures, les objets qui se présentent à la vue lui rappelaient la bonté de son créateur et enflammaient son âme du désir de l'aimer toujours davantage. Le chant des oiseaux, le murmure des ruisseaux, d'une source jaillissante qui fait voler ses flots qui retombent comme une pluie féconde, la rosée du matin qui brille aux rayons du soleil comme une perle précieuse, une petite fleur qui veut se cacher sous l'herbe des champs, que disons-nous ? un seul grain de sable, tout lui semblait animé et lui disait : *aime ton Dieu !* et cette âme intérieure et bien disposée répondait : Oui, mon Dieu, je vous aime et je veux vous aimer de plus en plus.

Or, s'il est vrai de dire, comme nous n'en saurions douter d'après l'enseignement théologique, que toutes les fois que nous produisons des actes d'amour de Dieu, surtout des actes d'un amour parfait, nous acquérons par là autant de degrés de gloire pour le ciel et des trésors de grâce d'un prix inestimable, qui pourra, d'après cela, raconter les mérites et les degrés de gloire que la mère Antoinette a acquis pour l'éternité, elle qui a tant aimé Dieu. qui a produit tant d'actes du plus pur amour pendant les longues années qu'elle a passées sur la terre ! il est impossible de s'en faire une idée. Nous lisons dans la vie de saint Louis de Gonzague, que sainte Madelaine de Pazzi, après la mort de ce saint jeune homme, vit un rayon de la gloire dont il jouissait dans le ciel ; et à cette vue, ravie en extase, elle s'écriait dans ses transports : oh ! qu'elle est grande, qu'elle est admirable la gloire de Louis, fils d'Ignace! Ne pouvons nous pas en dire autant de celle dont nous racontons les mérites ! Ah ! qu'elle est grande, qu'elle est admirable, qu'elle est belle la gloire dont elle jouit dans le séjour des récompenses éternelles !!!

Mais la charité, le premier, le plus parfait des commandements, la charité qui renferme toute la loi, est comme un arbre à deux branches ; l'une de ces branches se porte vers Dieu et nous le fait aimer par dessus toutes choses, l'autre se porte vers le prochain et nous le fait aimer comme nous même. Eh bien ! cette charité, sœur Marie Antoinette la faisait briller en elle lorsqu'elle vivait dans le monde et encore avec plus d'éclat lorsqu'elle fut en communauté. Jamais cette sainte âme n'a blessé en rien la plus belle des vertus ; elle aimait Dieu par dessus toutes choses, comme nous l'avons dit, mais en Dieu elle aimait ses parents, et avec quelle affection, quelle tendresse filiale pour son bon père, pour sa tendre et pieuse mère qui lui étaient tous les deux si attachés ! Elle avait un cœur tout dévoué pour ses frères, tout ce qui pouvait leur faire plaisir elle le faisait avec un air de contentement inexprimable ; jamais la moindre opposition de sa part. Quand elle fut à la Trappe, dit M. son frère, curé de Fontenay, elle n'écrivait qu'une fois chaque année à sa famille, mais ses lettres respiraient la plus douce piété ; avant tout, disait-elle souvent, recherchons le royaume de Dieu. Tous ceux qui souffraient, les pauvres, les malades, les infirmes excitaient sa compassion, elle eût voulu pouvoir les soulager tous, les pécheurs surtout. Oh ! qui dira sa charité pour eux ! que de supplications adressées au ciel, que de larmes brûlantes versées pour obtenir leur conversion ! Et, en communauté, sa charité brillait avec plus d'éclat encore, elle voyait Dieu, Notre Seigneur, la Très-Sainte Vierge dans la personne de ses supérieures et de ses sœurs. Avec quelle affection religieuse et prévenante elle aimait à les servir, surtout dans l'état de maladie! Si on n'avait pas mis des bornes à son amour, elle eût passé les jours et les nuits, comme un ange consolateur, pour leur prodiguer ses soins empressés. Mais comme l'Église est aussi notre mère, la mère de tous les chrétiens, quel amour, quel dévouement pour elle, et pour le Souverain Pontife qui la dirige! Qui dira les prières et les pénitences qu'elle a faites pour obtenir le triomphe de la sainte foi catholique, et le salut de la France, notre chère patrie?

« Nous lisons dans les ouvrages de sainte Thérèse que
» lorsqu'elle apprit les troubles de la France et les ravages
» que faisait parmi nous l'hérésie de Luther et de Calvin,
» elle se dévouait comme une victime d'expiation à la
» justice divine pour arrêter ce torrent d'iniquités, elle
» était inconsolable et pleurait le jour et la nuit la perte
» de tant d'âmes qui s'en vont en enfer, et elle aurait
» voulu, dit-elle, au dépens de mille vies, en sauver
» une seule. »

Ah! la mère Antoinette entrait dans ces sentiments, elle avait les désirs de la sainte réformatrice du Carmel. Elle disait, comme une autre Thérèse « frappez sur moi, ô mon
» Dieu, mais épargnez les pécheurs, sauvez les âmes... »

Oh! que les communautés qui produisent de telles âmes, si ardentes, si brûlantes, si zélées pour procurer la gloire de Dieu, le salut des peuples et du monde entier, que ces communautés sont dignes de notre admiration, de nos éloges! Ces saintes Religieuses font sur la terre ce que les Anges et les Saints font au ciel, elles louent Dieu, le bénissent, chantent ses louanges par leurs prières et leur dévouement, elles sauvent le monde, elles sont comme le paratonnerre qui empêche la foudre de tomber sur nous. Et le monde ne les connaît pas, le monde les méprise!

A l'époque où sœur Marie Antoinette fit ses vœux, avant 1830, l'impiété, dès ce temps-là, levait la tête et se déchaînait surtout contre les religieuses cloîtrées qui se retiraient dans la solitude pour être plus unies à leur divin maître. La révérende mère Elisabeth, supérieure des religieuses de Sainte-Catherine, ayant appris qu'il était question d'établir des Carmélites dans le diocèse du Mans, que faisait-elle? Ah! son zèle n'était pas stérile, elle priait et faisait prier toutes ses religieuses, ses filles spirituelles, avec une ardeur inexprimable pour le succès de cette fondation. Oh! qui pourrait dire les communions ferventes, les oraisons jaculatoires qui furent faites à ce sujet, par la mère Abbesse et la mère Antoinette et les saintes religieuses Trappistines dont les âmes étaient si embrasées du pur amour de Dieu, du désir de procurer sa plus grande gloire, qu'elles ne pouvaient manquer d'obtenir l'effet de leurs prières! Elles furent effectivement exaucées, les Carmélites, filles de sainte Thérèse, ne furent pas longtemps sans venir s'établir dans le diocèse, et, comme une bénédiction en attire toujours une autre, on vit quelque temps après une colonie de Trappistines partir de Laval et aller fonder un couvent de leur ordre, à la Cour Pétral, dans un diocèse voisin du nôtre : sœur Marie Antoinette faisait partie de cette nouvelle colonie. Voilà son zèle et son amour pour Dieu.

SA DÉVOTION POUR LA TRÈS-SAINTE TRINITÉ

La Très-Sainte et adorable Trinité est la première et principale de toutes les dévotions, c'est le centre et le soleil lumineux autour duquel rayonnent tous les mystères et les fêtes que l'Église célèbre chaque année.

En effet, le Dieu en trois personnes que nous adorons est le principe de toutes choses et l'unique terme où nous devons tendre incessamment. Toute notre occupation pendant l'éternité, notre souverain bien sera de contempler et d'aimer avec des transports d'un amour inexprimable l'auguste et Très-Sainte Trinité ; et il est beau, il est glorieux de faire, dès à présent sur la terre, ce que nous ferons un jour dans le ciel : et c'est ce que faisait la Révérende mère Marie-Antoinette, même lorsqu'elle était dans le monde. Tous les ans, depuis l'Ascension de Notre-Seigneur jusqu'à la fête de l'adorable Trinité, elle se préparait avec une dévotion toute particulière à célébrer cette grande fête et la descente du Saint-Esprit sur les Apôtres. Que faisait-elle pour cela ? elle se retirait en esprit dans le cénacle avec les disciples de Jésus-Christ notre Sauveur, la Très-Sainte Vierge et les saintes femmes, et là elle faisait du temple de son cœur et de l'appartement qu'elle occupait dans la maison de ses parents, et qui lui servait d'oratoire, comme un nouveau cénacle ; là, elle persévérait dans la retraite, le recueillement et la prière, elle invoquait le Saint-Esprit et lui demandait avec instance de venir renouveler la terre, le jour de la Pentecôte ; cet Esprit descendait sur elle, non pas d'une manière visible, en forme de langues de feu, mais il se communiquait à elle intérieurement, il lui communiquait ses dons célestes, il éclairait son esprit et embrasait son cœur de plus en plus, du feu de son amour, il faisait d'elle comme une nouvelle créature, elle se trouvait comme transformée, transfigurée. Quand elle fut en communauté, les dix jours qui s'écoulent entre l'Ascension et la Pentecôte sont des jours de retraite et employés par les religieuses à la récollection spirituelle, et alors elle n'avait qu'à suivre la règle et l'exemple qui lui étaient donnés; le monastère de la Trappe était pour elle un véritable cénacle, un sanctuaire tout divin, habité par de saintes âmes à qui l'esprit sanctificateur communiquait ses grâces les plus précieuses, et, en l'unissant à toute la communauté, son cœur devenait plus fervent que dans le monde, et elle répétait avec une nouvelle ardeur : *Venez Esprit-Saint renouveler* la face de la terre.

Mais qui dira les élancements de son âme, les transports d'amour qui la portaient vers Dieu le jour de la glorieuse et divine Trinité ? Comme son esprit et son cœur se trouvaient élevés dans des régions inconnues lorsqu'elle contemplait les opérations sublimes, les rapports intimes qui existent entre les divines personnes ! Elle dit elle-même, dans une de ses lettres écrite à M. son frère, curé de Fontenay, qu'on lui avait donné à lire, à la Cour Pétral, l'ouvrage du père d'Argentan, sur *les grandeurs de Dieu*, et que ce livre lui faisait beaucoup de bien. Or, précisément, il parle d'une manière admirable du mystère dont il est question, et qui est un mystère d'amour par excellence, car, tout incompréhensible qu'il soit, il nous donne cependant une idée facile à saisir de l'union divine qu'il y a entre le Père, le Fils et le Saint-Esprit. En effet, comme l'a dit un savant Évêque, « Dieu le père de toute éternité » engendre son Verbe, son Fils, le modèle de ses perfec- » tions, l'expression de sa gloire qui est un autre lui- » même; or le Père aime le Fils, le Fils aime le Père, et » de cet amour immense, infini, procède le Saint-Esprit, » l'Esprit d'amour, de charité, de pureté. Voilà la Sainte- » Trinité. » Faut-il s'étonner si la mère Antoinette découvrait dans la méditation de ce mystère tant de merveilles qui ravissaient son cœur et tous ses sens et servaient de nourriture à son âme? Je l'ai vue moi-même, lorsqu'elle était dans le monde, toute absorbée en Dieu : elle ne pouvait se distraire un seul instant de cet unique objet de son amour. Une fois entre autres, c'était pendant un repas, les convives plaisantaient, disaient les choses les plus gaies et même un peu bouffonnes pour divertir et récréer la société qui était assez nombreuse ; dans un moment, il y eut des éclats de voix et des rires tellement prononcés que les conversations cessèrent. Je me trouvais à table vis-à-vis de Mademoiselle Émilie Mezerette, je la regardai exprès, pour voir si elle prenait part à cette bruyante conversation ; je remarquai qu'elle était toute recueillie, occupée de la pensée de Dieu, elle n'avait rien remarqué, rien entendu de tout ce qui avait été dit : elle pouvait répéter ces paroles du roi prophète « les mondains m'ont entretenu de bagatelles et » de futilités, mais tout cela, ô mon Dieu, n'est point » comparable à votre sainte loi, elle fait toutes mes » délices. »

Une autre fois nous étions invités à dîner chez ses parents, les convives étaient moins nombreux, mais elle n'était pas moins unie à Dieu : seulement, cette fois-ci, elle joignait la contemplation de Marie à l'activité de Marthe, elle s'occupait de ceux qui étaient à table, pour les servir, pour voir s'il ne manquait rien, elle s'oubliait elle-même entièrement, on était obligé de lui dire de venir occuper la place qui lui était réservée. Elle se contentait alors de prendre un peu de nourriture. Après le repas, un prêtre, ami de M. Mezerette son frère, lui disait en ma présence : « Vois » donc ta sœur comme elle est modeste et mortifiée et » parfaite en toutes choses : on a beau l'observer, on ne peut » la trouver répréhensible en rien. Nous devrions, nous » prêtres, ajoutait-il, lui ressembler ; mais que nous som- » mes éloignés d'avoir ses vertus ! » Voilà ce que j'ai entendu. Moi qui devais connaître les dispositions de son âme plus intimement qu'un autre, je savais effectivement qu'au milieu des occupations extérieures qui auraient pu la distraire, elle conservait la pensée de Dieu et de la Très-

Sainte Trinité à qui elle demeurait unie de la manière la plus parfaite. « Que Dieu soit béni de s'être ainsi choisi des » âmes intérieures et cachées que lui seul connaît et qu'il » enrichit de ses grâces ! »

SA DÉVOTION ENVERS LE TRÈS-SAINT SACREMENT

Après la fête de la Sainte-Trinité avait lieu la fête du Très-Saint Sacrement, qu'on célèbre avec tant de pompe et de solennité et qui fait briller avec tant d'éclat les rayons du soleil eucharistique sur toute l'Eglise. Comme Mademoiselle Émilie Mezerette saluait avec bonheur, tous les ans, ce beau jour de la Fête-Dieu ! L'amour qu'elle avait pour le Saint-Sacrement la portait, lorsqu'elle était encore chez ses parents, à faire éclater les élans de son cœur, elle éprouvait les transports d'un zèle brûlant, d'un saint enthousiasme, semblable à celui des prophètes, qu'elle ne pouvait contenir au dedans d'elle-même, ni suffisamment exprimer. Pendant le temps où le Saint-Sacrement restait exposé à l'Église à l'adoration des fidèles, elle se tenait aux pieds de Jésus-Christ présent dans l'Eucharistie, elle ne pouvait le quitter ; il en était de même pendant les trois jours des 40 heures où les offices, à Courcité, étaient si solennels, et le jeudi Saint. Quelquefois même, en mémoire de l'institution de la divine Eucharistie, le Saint-Sacrement restait exposé toute la nuit du jeudi au vendredi Saint : on chantait des hymnes et des cantiques, on faisait des prières et des lectures de piété pour exciter la dévotion des fidèles qui étaient présents. La pieuse aspirante à la vie religieuse, dont nous parlons, se tenait à l'écart dans le lieu le plus solitaire de l'Église, absorbée dans la méditation des bontés et des amabilités du Dieu sauveur qui a fait de la terre un paradis de délices, en résidant parmi nous dans le Sacrement de son amour ; les heures du jour et de la nuit s'écoulaient trop vite au gré de ses désirs, elle eût voulu que la fête durât toujours pour rester en présence du Dieu bien-aimé de son cœur.

Chaque jour de l'année, tous les matins, elle était la première à l'église pour assister au divin sacrifice de la messe et se préparer à la communion, elle prolongeait son action de grâces le plus longtemps qu'il lui était possible. Elle ne quittait le saint lieu qu'à regret.

Le soir, elle revenait devant les saints autels faire sa visite au Saint-Sacrement, c'est là qu'elle trouvait ses délices. Combien de fois ne l'ai-je pas vue, en présence du saint tabernacle, adorant le Dieu de l'Eucharistie qui faisait l'objet de son saint amour, semblable à ces anges adorateurs, dont parle saint Jean, qui se tenaient devant le trône de l'agneau de Dieu et chantaient le cantique de sa gloire et de sa grandeur.

Mais cette dévotion si ardente qu'elle avait pour le saint sacrement, elle l'a pratiquée et manifestée pendant les 42 ou 43 ans qu'elle a vécu en communauté, au point que, d'après les observations et le récit de ses supérieures et de ses sœurs, elle était toujours arrivée la première au chœur, le matin dès deux heures, et, le dimanche, quand la règle le permettait et que rien ne mettait obstacle à ses pieux désirs, elle passait au pied du saint autel et du tabernacle où était renfermé son adorable sauveur deux ou trois heures de suite, toujours à genoux, malgré ses infirmités et l'enflure de ses jambes; rien ne pouvait la retirer de son oraison, elle restait immobile, absorbée en Dieu. Et que disait-elle pendant tout ce temps ? que faisait-elle ? Ah ! sans doute elle glorifiait son divin maître, elle répétait sans cesse qu'elle l'aimait, mais qu'elle désirait l'aimer davantage, d'un amour infini, si cela était possible, semblable à une sainte âme toute dévouée également et brûlant d'ardeur pour le Saint-Sacrement, qui avait écrit de sa main ces paroles dignes d'un séraphin, et que nous pouvons prononcer nous-mêmes, mais avec un cœur embrasé du feu divin que notre Seigneur est venu apporter sur la terre.

« Voûte du ciel, disait cette âme enflammée d'amour » pour Jésus-Christ présent dans l'eucharistie, voûte du » ciel, claire, élevée, combien comptes-tu d'étoiles ?

» Elles sont sans nombre...

» Autant de fois soit loué le Saint-Sacrement !!!

» Bel univers, œuvre de Dieu, combien comptes-tu de grains de poussière ?

» Ils sont sans nombre...

» Autant de fois soit loué le Saint-Sacrement !!!

» Vaste prairie qui charmes nos regards, combien comptes-» tu de brins d'herbe ?

» Ils sont sans nombre...

» Autant de fois soit loué le Saint-Sacrement !!!

» Sombre forêt, masse de verdure, combien comptes-tu » de petites branches ?

» Elles sont sans nombre...

» Autant de fois soit loué le Saint-Sacrement !!!

» Soleil éclatant, pure lumière, combien comptes-tu d'é-» tincelles ?

» Elles sont sans nombre...

» Autant de fois soit loué le Saint-Sacrement !!!

» Éternité, longue durée, combien comptes-tu d'heures ?

» Elles sont sans nombre...

» Autant de fois soit loué le Saint-Sacrement !!! »

Ah ! nous pouvons bien supposer que la sœur Marie-Antoinette avait ces sentiments dans l'âme et qu'ils la pénétraient vivement, lorsque nous la voyons pendant des temps si considérables, unie à notre Seigneur Jésus-Christ présent dans l'eucharistie, et comme ravie en extase, sans pouvoir être distraite, un instant, de la pensée du bien-aimé de son cœur qui l'occupait uniquement.

Voici un fait que j'ai entendu raconter plusieurs fois : M. L'abbé Mezerette, son frère, croit qu'il serait arrivé à sainte Catherine de Laval, lorsque sa sœur était encore jeune religieuse ou simplement novice ; moi, je suis porté à croire que ce fait serait arrivé à Courcité, lorsqu'elle était encore chez ses parents. Je l'ai dit : Quand le Saint-Sacrement était exposé et que rien ne l'empêchait de satisfaire sa dévotion, elle restait une partie des jours en présence de la divine eucharistie, au point qu'elle oubliait d'aller prendre son repas, surtout à l'heure de midi, où les adorateurs se trouvaient moins nombreux. Elle ne pouvait quitter l'église, sa bonne mère allait quelquefois elle-même ou bien envoyait une personne la chercher; mais un jour elle différait plus longtemps que de coutume à se rendre à la maison paternelle, les heures s'écoulaient, les cloches sonnaient, les personnes qui venaient adorer le Saint-Sacrement se succédaient les unes aux autres, et la future Trappistine était toujours à sa place, sans penser à autre chose qu'à Dieu seul, sans s'apercevoir de ce qui se passait autour d'elle; la personne qui fut envoyée par ses parents pour lui dire de rentrer à la maison la trouva abimée en Dieu, comme en extase, elle fût obligée de la toucher assez fortement et de lui dire : « On vous demande chez vous. » Elle obéit à l'instant même, mais elle se trouva toute confuse et interdite. Arrivée chez ses parents, elle demanda pardon, comme si elle avait été coupable et s'imposa une pénitence.

Un pareil prodige, produit par son union intime avec Dieu, était arrivé à Madame de Chantal, fondatrice des religieuses de la Visitation : elle devait aller un jour à la campagne avec ses enfants et partir le matin, mais elle exprima le désir de se rendre à l'église pour assister à la sainte messe, avant le départ. Ses enfants consentirent à tout ce que leur mère désirait. Il y avait longtemps que la messe était dite, et Madame de Chantal n'arrivait point. Son fils aîné fut à l'Eglise pour savoir la cause de ce retard, pour l'avertir qu'il était temps de se rendre à la maison. Il la trouve plongée dans une méditation profonde ; il s'approche d'elle comme pour se faire voir, elle ne voit rien ; il lui parle, elle n'entend rien, il la prend par le bras pour l'exciter un peu, alors la sainte se réveillant comme d'un sommeil mystérieux, dit à son fils ; que me voulez-vous ? Mais, ma mère, il est grand temps de partir. Mais, vous savez, reprit la mère de Chantal, que j'ai demandé à assister à la messe avant de faire le voyage. — La première messe à laquelle vous avez assisté, ma mère, est dite depuis longtemps ; plusieurs, depuis celle-là, ont été également célébrées. La Bienheureuse se trouva aussi toute confuse et humiliée, en voyant qu'on s'était aperçu de sa dévotion. Dès le commencement du divin sacrifice auquel elle assistait, elle était entrée en extase. Ah ! une seule messe, si nos cœurs étaient embrasés d'amour pour la divine victime qui s'immole sur nos autels, une seule messe suffirait pour nous ravir et nous unir intimement à Dieu.

SON AMOUR POUR LA SAINTE HUMANITÉ DE NOTRE SEIGNEUR

L'humanité sainte de notre Seigneur doit être bien chère à nos cœurs, Jésus-Christ étant le fils de Dieu et Dieu lui-même ; mais un Dieu fait homme nous a été donné comme le modèle accompli sur lequel nous devons régler toutes nos actions ; « jamais, dit sainte Thérèse, que l'on considère comme » docteur de l'église, nous ne devons détourner les yeux de » ce divin modèle. J'ai connu clairement, ajoute-t-elle,

« que pour plaire à Dieu et obtenir de lui de grandes
» faveurs, il veut que nous les lui demandions et que nous
» les recevions par Jésus-Christ son fils, en qui il met
» toutes ses complaisances ; je l'ai éprouvé bien des fois et
» je vois clairement qu'il est le chemin que nous devons
» suivre et la porte par laquelle nous devons entrer. »

Or, la mère Antoinette étant une âme intérieure, ne pouvait manquer d'être appliquée à l'humanité sainte de notre Seigneur, surtout à son humanité souffrante. Ainsi, elle avait une dévotion toute particulière pour la passion : vous l'eussiez vue, étant dans le monde, le jeudi saint, le soir après le sermon, où pendant la nuit, lorsque le Saint-Sacrement restait exposé publiquement ; vous l'eussiez vue, à l'église qu'elle ne quittait pas, absorbée dans la considération des souffrances du Dieu sauveur, méditer sur son agonie dans le Jardin des Oliviers, sur le supplice si rigoureux de la flagellation, du couronnement d'épines, du portement de croix, et du crucifiement sur le calvaire. Le lendemain matin, le vendredi saint, elle allait comme les autres adorer la croix et coller ses lèvres sur ce bois sacré ; mais, ce que les autres ne faisaient pas, et ce qu'elle faisait, elle, ce qu'elle pratiquait, c'était de se trouver à l'église encore après midi, pour y passer les trois heures de l'agonie de notre Seigneur, faire le chemin de la Croix. On la voyait aller se prosterner devant les tableaux de chaque station, pour compatir aux douleurs qu'avait endurées son divin maître et Sauveur. Elle aimait encore à aller, de là, honorer la croix du grand cimetière au haut du bourg. C'était un calvaire nouvellement érigé, au pied duquel était une petite chapelle dédiée à Notre-Dame-de-Pitié : la sainte Vierge était représentée, tenant sur ses genoux et dans ses bras son divin fils qui venait d'expirer ; la pieuse demoiselle, après avoir compati aux douleurs du fils, compatissait également aux douleurs de sa sainte mère.

Mais cet ardent amour pour la passion de notre Seigneur, sœur Marie-Antoinette l'a conservé en communauté, aussi bien étant jeune novice qu'ancienne religieuse. « On la » voyait, disent ses sœurs avec lesquelles elle vivait, » même dans les dernières années de sa vie, lorsqu'à peine » elle pouvait marcher et se soutenir, on la voyait aller » devant les stations du chemin de la Croix, prier toujours » à genoux, et jamais elle ne se plaignait. »

De là encore, son tendre amour pour les cinq plaies de notre Seigneur, surtout pour la plaie de son côté, qui a été ouvert par le fer de la lance. Elle se plaisait à aller se réfugier dans le cœur de son Sauveur et de son Dieu pour lequel elle avait un attrait si particulier. Je me souviendrai toujours qu'à l'époque où Monseigneur de La Myre était évêque du Mans, il nous envoya un mandement pour annoncer aux fidèles que désormais on célèbrerait la fête solennelle du Sacré-Cœur de Jésus dans tout le diocèse, et qu'on ferait en même temps mémoire, dans l'office de ce jour, du cœur immaculé de la très-sainte Vierge. Je ne saurais dire ici les transports et les joies ineffables qu'éprouva, dans cette occasion, le cœur de notre future sœur Marie-Antoinette, quand il lui fut donné d'assister à cette belle fête pour la première fois. Elle a eu une autre fois le même bonheur, car Monseigneur l'Évêque de Chartres a consacré également son diocèse au divin Cœur de notre Seigneur, et elle exprimait à M. son frère, curé de Fontenay, après cette consécration, combien elle avait été heureuse de pouvoir célébrer cette sainte solennité dans leur chapelle de la Cour-Pétral. Mais qu'aurait-elle dit, qu'aurait-elle pensé si elle avait vécu quelques années de plus et eût été témoin de ce qui se passe de nos jours, des fêtes magnifiques, des manifestations grandioses, des pèlerinages si nombreux qui ont lieu à Paray-le-Monial, à Lourdes, etc., pour honorer le divin Cœur de Jésus et le Cœur immaculé de Marie, sa

divine mère? Ah ! sans doute son âme exaltée par le désir de voir notre Seigneur glorifié eût éprouvé une jubilation perpétuelle. Cependant, elle n'enviait point le sort des prêtres ou des laïques, des personnes du monde qui font ces pèlerinages religieux et lointains, car, ainsi qu'elle me le marquait dans une de ses lettres: « Nous qui sommes
» religieuses cloîtrées, sans sortir de notre monastère et sans
» aller si loin, n'avons-nous pas, au milieu de nous, notre
» Seigneur Jésus-Christ et son divin Cœur présent dans
» l'Eucharistie? et chaque jour et à chaque instant du jour
» pour ainsi dire, nous pouvons le visiter, l'adorer, nous
» unir à lui. »

Et voici à quelle occasion elle m'écrivait cette lettre que j'aurais été heureux de retrouver et de citer intégralement. Je lui écrivais, à la fin de 1870, que j'avais fait pour la première fois le pèlerinage de Rome, que j'avais eu le bonheur de voir notre Saint-Père Pie IX, le représentant de notre Seigneur sur la terre, son image vivante, que je m'étais trouvé seul avec lui dans une audience particulière, que Sa Sainteté avait daigné me bénir et approuver la prose de l'Immaculée Conception que je lui avais chantée, avec son agrément, dans un saint transport. Je lui disais que j'avais visité les Basiliques de Rome où l'on conserve les reliques les plus insignes ; la Basilique de Saint-Pierre, la plus grandiose qui existe, et où j'ai vu et vénéré le saint Suaire de notre Seigneur; la Basilique de sainte *Marie-Majeure* qui contient la crèche qui servit de berceau à l'enfant Jésus dans l'étable de Bethléem ; la Basilique de saint *Jean de Latran* où j'ai vu également et honoré la table du Cénacle sur laquelle notre Seigneur, le jour de l'institution du sacrement de l'Eucharistie, fit la consécration la plus admirable, en changeant le pain en son corps et le vin en son sang, en présence de ses apôtres; la Basilique *de Sainte-Croix de Jérusalem,* où j'ai vu et adoré un gros morceau de la *vraie* croix, la lance qui a été enfoncée dans le Cœur de notre Seigneur après sa mort sur le Calvaire, un clou qu'on a aussi enfoncé dans ses membres, les épines qui ont percé sa tête. Je lui marquais encore, qu'étant parti de Rome, j'avais fait le pèlerinage de Notre-Dame de Lorette, et visité la sainte maison de Nazareth qui est comme un paradis sur la terre, où la Sainte-Vierge et Saint-Joseph ont habité, où le Verbe de Dieu s'est fait chair, où il s'est incarné deux fois entre mes mains, en offrant le divin sacrifice dans ce sanctuaire béni, le plus vénéré de l'univers. Je me croyais, étant à l'autel, transporté au ciel, parmi les chœurs des anges, en entendant le chant du *Gloria in excelsis* qui retentissait avec harmonie dans ce saint lieu. Après le sacrifice de la messe, on offrit à ma vénération des cheveux de l'enfant Jésus, le voile de la sainte Vierge et les objets les plus précieux qui avaient servi à leurs usages. Enfin, je disais qu'étant de retour en France, j'avais terminé mon pieux voyage par la sainte Beaume, ce lieu sanctifié par la présence de Marie-Madeleine, où elle a mené pendant trente ans une vie plutôt angélique qu'humaine, et qu'il m'avait été donné de dire la sainte messe, à Saint-Maximin, sur l'autel même où le chef de cette pénitente si aimée de notre Seigneur était exposé, que j'avais eu le bonheur aussi d'offrir le divin sacrifice à Tarascon dans la chapelle où est le tombeau de sainte Marthe, sœur de Marie-Madeleine.

Voilà ce que je marquais en substance dans ma lettre, ces précieux souvenirs sont encore présents à ma mémoire.

La mère Antoinette me répondit : « Je vous estime heureux
» d'avoir pu faire le pèlerinage dont vous me parlez et qui
» vous a procuré de si douces et saintes jouissances. Oh !
» que votre cœur était fervent, embrasé d'amour pour Dieu
» en visitant ces divins sanctuaires dont vous me parlez,
» et où notre Seigneur était présent dans l'Eucharistie. Et

» nous aussi, sans sortir de notre monastère où nous
» demeurons si paisibles, nous possédons le même bonheur,
» nous possédons *le Cœur de notre Seigneur*, nous avons
» *le très Saint-Sacrement au milieu de nous*, et nous pou-
» vons, tous les jours, faire notre pèlerinage et aller nous
» prosterner à ses pieds pour l'adorer. Mais voyez combien
» je suis éloignée, ajoutait-elle, pour prendre de là occasion
» de s'humilier, voyez combien je suis éloignée de ressem-
» bler à mes sœurs dont les cœurs sont enflammés du
» désir le plus ardent d'aimer le Cœur de notre Seigneur
» si aimable et si bon. Hélas ! le mien, au milieu de tant de
» flammes, est froid et glacé, au milieu de tant de trésors
» de grâces, je suis dénuée de vertus. »

Voilà ce qu'elle m'écrivait ; je ne rapporte peut-être pas ici ses expressions exactes, mais je suis sûr que c'est là le sens de sa lettre que j'ai eue assez longtemps sous les yeux et dont jamais je n'ai perdu le souvenir.

Je ne saurais dire combien ces paroles: *nous avons notre Seigneur Jésus-Christ et son Cœur au milieu de nous, cela nous suffit*, ont fait d'impression sur mon âme ; il me semblait, en les lisant, entendre le saint roi David nous dire : *un seul jour passé aux pieds des saints autels vaut mieux qu'un siècle passé dans le palais des princes et des grands de la terre.* La mère Antoinette ne condamnait point par là, bien entendu, les pèlerinages ou voyages de piété que l'on fait pour honorer et vénérer les lieux sanctifiés par la présence de notre Seigneur, de la très-sainte Vierge et des Saints ; elle savait que les ecclésiastiques et les personnes qui vivent dans le monde sont obligés de manifester extérieurement les sentiments de religion qui les animent, pour exciter en eux une foi plus vive, un zèle plus ardent, et entraîner les autres qui sont indifférents à suivre leur exemple. Je me disais en moi-même : voilà des âmes bien plus heureuses que nous, et bien plus puissantes auprès de Dieu. Ces saintes religieuses retirées dans leur cloître, séparées du monde et ne connaissent que Jésus-Christ, l'époux de leurs âmes, qui fait tout leur bonheur. Elles vont, chaque jour, l'adorer, le prier dans son saint temple, prosternées au pied du divin tabernacle; elles prient pour les pécheurs, pour leur conversion, pour le salut du monde, et le monde méconnaît leur dévouement et bien souvent les méprise; elles prient avec plus de foi et d'ardeur que jamais, et leurs vœux sont exaucés; des événements heureux et inopinés surgissent tout à coup, l'ordre succède au trouble, la paix est rendue à la terre; elles prient encore avec plus de zèle, et l'église triomphe, le monde est sauvé !

Voilà les fruits de grâce et de salut que produit l'arbre de la croix, et la méditation de la passion qu'a soufferte le très-saint cœur, ainsi que la très-sainte âme de notre Seigneur.

SA DÉVOTION POUR LA SAINTE FAMILLE

La mère Antoinette, du temps même qu'elle était dans le monde, jeune personne encore, avait un tendre amour et un attrait particulier pour la sainte enfance de notre Seigneur. Elle aimait à méditer sur le mystère adorable de Jésus-Christ dans une étable, et sur ces paroles de l'Evangile: *Dieu a aimé le monde jusqu'à lui donner son fils unique pour le sauver, et le fils de Dieu nous a aimés jusqu'à se faire homme et devenir petit enfant pour l'amour de nous.* La fête de Noël, où l'on célèbre ce mystère, faisait tressaillir son cœur d'allégresse, le chant des hymnes et des cantiques qui exaltaient cette divine naissance, la reproduction de la grotte de Béthléem, telle qu'on la représente quelquefois dans les églises de campagne, d'une manière touchante, la petite statue de l'enfant Jésus enveloppé de langes, couché dans une crèche, sur un peu de paille, la présence de la sainte Vierge et de Saint-Joseph prosternés tous les deux aux pieds de l'enfant Dieu, la lecture de l'office du jour où l'on chante ces paroles : *Un enfant nous est né, un fils nous a été donné. Gloire à Dieu au plus haut des cieux.* ce souvenir, ce doux spectacle si attendrissant, tout cela la transportait et l'élevait au-dessus d'elle-même. Elle eût voulu, dans l'ardeur de sa piété, avoir l'amour immense, infini du Père, les ardeurs du Saint-Esprit, le cœur de Marie et les transports des anges pour aimer le divin Messie, roi du ciel et de la terre, qui s'est fait petit enfant, revêtu de notre nature pour nous montrer sa tendresse et nous apprendre à nous humilier ; elle s'écriait, comme saint Bernard : « Oh ! qu'il est bon, qu'il est aimable ce Dieu si grand » qui pour l'amour de moi a voulu devenir si petit, et que » je dois l'aimer ardemment ! Oh ! que ne m'est-il donné » de le prendre dasn mes bras, de le presser sur mon » cœur, de lui témoigner ma tendresse ! » Et alors elle se prosternait humblement en esprit, avec la sainte Vierge et Saint-Joseph, aux pieds du divin enfant, et elle allait, de compagnie avec les bergers, lui offrir son cœur et ses hommages; puis elle lui présentait, avec les Mages venus de l'Orient, dont elle imitait l'empressement et la foi vive, l'or, l'encens et la myrrhe : l'or de la charité, l'encens de ses prières qui s'élevaient comme un parfum délicieux et d'une agréable odeur, enfin elle offrait la myrrhe de ses mortifications, car pendant les rigueurs de l'hiver elle souffrait, avec une volonté parfaite, par amour pour l'enfant Jésus, le froid et les incommodités de la saison rigoureuse.

Mais quand on aime Notre Seigneur Jésus-Christ, on aime sa divine Mère, la Vierge immaculée et sans tache,

Mère de Dieu. « Oh ! prodige de grandeur, a dit un Père de
» l'Église, Marie est mère de Dieu, qui pourra jamais mesurer
» la hauteur d'une pareille élévation ! Dieu pouvait faire un
» monde plus grand, plus vaste, plus admirable que celui
» où nous sommes, mais il ne pouvait pas faire une créa-
» ture plus sainte, plus parfaite, plus accomplie que Marie
» et plus élevée en gloire dans le séjour du ciel. Elle est
» placée à la droite de son Fils, et dans cet état de gran-
» deur, elle a pour tous les chrétiens des entrailles de
» mère ; elle les a enfantés à Dieu sur le calvaire, elle se
» plaît à répandre sur eux et sur les pécheurs les grâces
» et les bénédictions dont elle est devenue la dispensatrice.
» Comment ne pas l'aimer ? Aimons, dit un pieux auteur,
» celle qui est le grand chef-d'œuvre sorti des mains
» de Dieu, un abîme de grandeurs et de perfections, le
» prodige de la grâce, l'ornement de la gloire, le modèle
» de toutes les vertus ! Aimons celle qui fait l'objet des
» plus douces complaisances de Dieu même, et que la
» Sainte-Trinité a plus aimée elle seule que le reste des
» créatures ensemble. Aimons celle qui est la fille du Père,
» la Mère du Fils, l'Épouse très-fidèle et le temple du
» Saint-Esprit. Aimons celle qui, après Dieu, fait la joie et
» les délices des bienheureux qui sont au ciel, et que tous
» les bons cœurs ont toujours tant aimée sur la terre. Ai-
» mons celle qu'on ne saurait trop aimer : ayant ravi le
» cœur de Dieu, il n'y a point de cœur, après cela, que sa
» dévotion ne doive enlever... »

Sœur Marie-Antoinette qui, du temps même qu'elle vivait avec ses parents, était si dévouée à la sainte Vierge, ne pouvait manquer de lui prouver son amour et de manifester sa dévotion à l'extérieur. Elle était de toutes les confréries. Il y avait à Courcité, dans l'Église paroissiale, une chapelle, où elle aimait à aller prier, et qui était dédiée à la Reine du ciel, sous le titre de Notre-Dame-du-Rosaire

Ce mot vient du latin *Rosarium*, qui veut dire lieu planté de rosiers, parce que autrefois on présentait des bouquets de roses ou de fleurs les plus splendides aux dames de distinction pour reconnaitre leur dignité. Eh bien ! les prières et les *Ave Maria* que nous récitons en disant le rosaire ou le chapelet, sont autant de bouquets qui exhalent un parfum divin et que nous offrons à Notre-Dame et Souveraine du ciel. Oh ! combien de fois la mère Antoinette, avec un cœur d'ange, ne lui a-t-elle pas adressé ces prières et la salutation angélique !

Confrérie du Scapulaire. Toutes les religieuses des communautés, sans exception, portent ce saint habit de la très-sainte Vierge, et c'est là un signe de salut et une marque de prédestination, parce que la Mère de Dieu a déclaré que les personnes qui mourraient étant revêtues de son scapulaire ne souffriraient point les flammes de l'enfer, et ces paroles s'accompliront. Quand sœur Antoinette, avant d'être religieuse, fut revêtue de ce saint habit, elle se revêtit, en même temps, des livrées glorieuses de la vierge Marie, des livrées de la douceur, de l'humilité, de la mortification, de la charité et de la patience, etc.

Confrérie de Notre-Dame-Auxiliatrice, elle avait choisi, dès sa jeunesse, la sainte Vierge pour sa mère, sa protectrice et sa directrice, elle s'était mise sous sa protection d'une manière spéciale, et avec un tel guide, dit saint Bernard, « on ne s'égare point, avec un tel appui on ne » tombe point, l'âme fidèle à qui Marie se montre propice » arrive au terme. »

Comme Mlle Émilie Mezerette, dont nous racontons la vie, était obligée, excepté le temps qu'elle passait à l'église, de s'occuper du soin du ménage et des travaux manuels pour aider sa mère, pendant toute la journée, ce n'était que le soir, lorsqu'elle était seule, retirée dans son appartement, pendant le silence de la nuit, qu'elle se livrait à ses exercices de piété, et mettait sur la tête de la divine Marie la couronne de prières et de rosaires qu'elle récitait sans jamais y manquer avant d'aller prendre son repos. La sainte Vierge, sensible à l'amour filial qu'elle lui a témoigné, lui a procuré, en récompense, n'en doutons point, une couronne immortelle qui ne se flétrira jamais.

Après la sainte Mère de Dieu, saint Joseph, l'incomparable entre tous les saints, doit avoir dans nos cœurs une place de prédilection, et nous devons lui rendre des hommages particuliers, car c'est lui qui a été le chef de la Sainte famille, et il a eu pour sujet un Homme-Dieu. Chose étonnante, Jésus et Marie lui étaient soumis ! Aussi quand Hérode voulut faire mourir l'Enfant-Dieu, c'est à ce bienheureux patriarche, qui était le chef de la maison de Nazareth, que l'ange s'adresse et lui dit : « Prenez l'enfant » et sa mère, et fuyez en Égypte. » Et quand le moment de retourner dans la patrie est arrivé, c'est encore à Joseph qu'il apparaît et lui adresse ces paroles : « Retournez en Judée. » Quels priviléges Dieu ne lui a-t-il pas accordés ! il a vécu dans la plus sainte société qui fut jamais sur la terre, dans la compagnie de Jésus et de Marie, il est mort entre leur bras, son crédit dans le ciel est immense. Aussi le saint pontife Pie IX, l'a-t-il choisi pour être le patron et le protecteur de l'Église universelle. Et sainte Thérèse déclare dans ses ouvrages qu'elle n'a jamais rien demandé à Dieu par son intercession sans l'avoir obtenu. Faites-en l'expérience, disait-elle : par ses exemples et ses paroles elle a contribué puissamment à répandre et à propager son culte parmi les fidèles. Elle voulut que le premier monastère de la réforme qu'elle avait fondé fût dédié à ce grand saint, et, dans les autres maisons de son ordre, elle recommandait, avec des instances réitérées, qu'il fût honoré, glorifié, invoqué, qu'on s'adressât à lui dans les nécessités spirituelles et corporelles.

La mère Marie Antoinette le faisait, elle l'avait choisi pour être le directeur de son âme, son protecteur, son guide dans les voies de l'oraison et du saint amour de Dieu. Faut-il s'étonner si, dès sa jeunesse, elle avait fait des progrès si rapides dans le chemin de la perfection et de la vie intérieure. Oh! heureuses les âmes dévouées à la Sainte famille et à qui Jésus, Marie, Joseph servent de modèles pour sanctifier toutes leurs actions et les rendre méritoires pour le ciel.

SA DÉVOTION POUR LES SAINTS ANGES

L'année qui suivit la profession de sœur Marie-Antoinette, étant allé à Laval, je fus invité par la révérende mère abbesse de Sainte-Catherine à adresser quelques paroles d'édification à ses religieuses; je crois que c'était dans le mois de mai, à l'époque où l'on célèbre la fête de l'apparition de saint Michel. Je profitai de cette occasion pour parler des saints anges, et en les entretenant de ce sujet, qui ne pouvait manquer de les intéresser beaucoup, je croyais, ainsi que je l'ai déjà dit, me trouver en présence des anges plutôt célestes que terrestres: ce qu'il y a de certain c'est que les âmes religieuses sont les anges de ce monde. C'est pour cela qu'on ne saurait trop méditer, en communauté, sur la nature, les perfections et les excellences de ces esprits célestes, et aussi sur les devoirs que nous devons leur rendre. Parmi les créatures que Dieu a tirées du néant, les anges, si on en excepte la reine même des anges, l'auguste Marie, tiennent sans contredit le premier rang, ils ont des perfections tout à fait admirables et des rapports intimes avec nos âmes. Ils sont les plus beaux miroirs qui représentent la beauté de notre Dieu et les premiers rayons sortis du soleil de justice. Dieu qui est la lumière éternelle qui éclaire tous les mondes spirituels et corporels dont il est le créateur, se communique d'abord aux anges, habitants du ciel, il fait jaillir sur eux l'éclat de sa divinité et de sa gloire, mais de la manière la plus radieuse. C'est comme le soleil de ce monde, l'astre qui luit à nos yeux : quand il paraît sur notre horizon, il éclaire d'abord le sommet des montagnes les plus élevées, ensuite sa clarté descend des lieux les plus sublimes sur les coteaux et enfin dans les ravins les plus profonds, dans les plus humbles vallées, et quand il est élevé sur nos têtes, en plein midi, il n'y a aucun lieu qui puisse se dérober à sa chaleur bienfaisante et à sa lumière. Il en est de même dans le ciel, le Dieu des splendeurs éternelles se communique avant tout aux anges les plus éminents en dignité et en mérite, qui composent sa première hiérarchie, aux Séraphins, aux Chérubins, aux Trônes, ensuite aux Dominations, aux Vertus, aux Puissances, enfin aux Anges de la dernière hiérarchie.

Eh bien ! nous qui composons la nature humaine dont Notre Seigneur s'est revêtu, nous sommes destinés à occuper un jour les trônes que les anges rebelles ont laissés vacants dans la cité de Dieu, nous ne ferons qu'un peuple avec les anges bienheureux et fidèles, mais, comme le dit Notre Seigneur, il y a différentes places dans le royaume de notre père céleste. Or, les âmes religieuses, qui sont appelées à la perfection la plus sublime et qui auront eu pour Dieu sur la terre le plus grand amour, c'est-à-dire un amour séraphique, seront placées sur les trônes des séraphins, embrasés des ardeurs divines, comme étant les plus près du soleil ; d'autres sur les trônes des chérubins brillants de lumières. Dieu se communiquera à ces âmes avec une union plus parfaite, il les enflammera davantage des feux de son amour et fera jaillir sur elles, avec plus d'éclat, les rayons de sa divine splendeur, elles seront plongées dans un océan de délices, leur bonheur sera plus grand parce qu'elles aimeront Dieu davantage, pendant l'éternité.

Ce sont ces considérations qui doivent nous porter à imiter les saints anges et à augmenter de jour en jour en ferveur et en piété. C'est ce que faisait la mère Antoinette que nous citons ici comme un modèle parfait ; au reste ce n'était pas la seule, car toute les religieuses Trappistines de Sainte-Catherine, auxquelles j'adressais la parole avaient le même zèle et la même ardeur, comme on peut s'en convaincre par une lettre de la révérende mère abbesse Marie-Élisabeth qui m'écrivit, quelques temps après mon voyage de Laval. Je ne puis résister au désir qui me porte à citer cette lettre que j'ai conservée et qui fait connaître la dévotion que la révérende mère supérieure et ses saintes filles avaient pour les chœurs des anges.

Abbaye de Sainte-Catherine, le 11 juillet 1829.

La sainte volonté de Dieu !

Monsieur,

« N'ayant pu avoir l'honneur de vous parler le jour de la
» profession de notre chère sœur Antoinette, je désire que
» vous ayez la bonté d'agréer l'expression de ma vive
» reconnaissance pour tout ce que votre zèle vous a déjà
» fait faire en faveur de notre communauté et en particu-
» lier pour les livres que vous avez la charité de nous pro-
» curer et qui nous marquent de la manière la plus tou-
» chante et la plus facile, la pratique d'une dévotion si
» chère à votre cœur depuis longtemps et doublement
» chère aux nôtres depuis que, d'une manière si forte et si
» persuasive, vous nous en avez développé les avantages ;
» nous tâcherons de rendre notre reconnaissance efficace

» la déposant aux pieds du Seigneur par le ministère des
» anges, et déjà nous avons supplié la Reine du ciel de
» nous aider à accomplir un devoir sacré en offrant pour
» vous, Monsieur, la communion de la communauté le
» jour de l'octave de la visitation.

» La mère prieure, sœur Gertrude, désire vous dire
» qu'elle vous a une grande reconnaissance pour le *Mois*
» *angélique*, et que ce livre lui fait un bien indicible. Elle
» continue toujours de saluer votre bon ange gardien, et
» ayant tiré, au commencement du mois, pour billet, les
» saints anges, elle a communié le 11 en l'honneur du
» vôtre. Plaise au Seigneur que nous puissions pratiquer
» la sainte dévotion que vous nous avez inspirée, Mon-
» sieur, avec assez de ferveur pour pouvoir recueillir les
» fruits de bénédiction qui y sont attachés : daignez vous
» unir à nous afin que nous obtenions cette grâce. Nous en
» ambitionnons encore une autre, c'est celle d'entendre
» encore quelquefois de votre bouche la parole du salut.
» Nous espérons que nos désirs ne seront pas frustrés ; et
» en attendant je vous prie de croire que c'est avec la vé-
» nération la plus profonde, etc.

» Sr M. Élisabeth, abbesse, ind. »

Je ne puis dire l'impression de bonheur que me causa la réception de cette lettre. J'étais aux anges en apprenant, de la bouche de la révérende mère supérieure, que toutes ses religieuses de Sainte-Catherine pratiquaient avec tant d'ardeur la dévotion angélique.

Quant à la sœur Antoinette, qui m'avait confié depuis déjà un certain nombre d'années la direction de son âme, je savais qu'elle suivait le conseil de saint Paul *et que sa conversation était plutôt avec les anges du ciel qu'avec les hommes de la terre*; elle invoquait surtout saint Michel, le prince de la milice céleste. Je me souviens qu'en 1820, on faisait par toute la France, des prières pour obtenir un jeune prince. On s'adressait au grand Archange dont la fête approchait ; Mlle Émilie Mézerette le priait avec un zèle ardent, et précisément tant de supplications eurent leur effet : le jour de Saint-Michel, un enfant royal nous fut donné. Elle invoquait encore saint Michel pour qu'il daignât assister l'Eglise et les âmes dans le dernier combat qu'elles ont à soutenir, au moment de l'agonie, contre les ennemis du salut. Elle avait encore une dévotion toute particulière pour son bon ange gardien, auquel elle se recommandait souvent pendant la journée ; dès le matin, en s'éveillant, elle pensait à lui, le soir elle le priait encore et elle ne manquait jamais, quand elle rencontrait et voyait des personnes ou qu'elle leur parlait, de saluer intérieurement leurs saints anges tutélaires. Par là elle rendait ses hommages à une infinité d'esprits célestes auxquels on ne pense point assez dans le monde, et j'ai pensé bien des fois que M. Boudon, archidiacre d'Evreux, avait tracé son portrait en citant dans un de ses ouvrages qui a pour titre : *Dévotion des Saints Anges*, l'exemple d'une sainte religieuse qui trouvait ses délices dans l'entretien qu'elle avait tous les jours avec le bon ange gardien de sa communauté.

Voici ce qu'il raconte : On demandait à une religieuse qui était sans parents et sans amis, qui pussent lui rendre visite, si elle n'avait point quelque peine quand elle voyait les autres religieuses de sa communauté visitées. « Oh ! vraiment non, répondit-elle, car j'ai ici une personne fort aimable et spirituelle avec qui je m'entretiens ; » et comme on ne savait pas ce qu'elle voulait dire par là, ni de qui elle parlait ; elle conduisit la personne qui l'interrogeait à une image du saint ange qui était dans le monastère, et elle dit : « Voilà mon père, ma mère, toute ma parenté et toute mes connaissances. C'est là que je viens parler pendant que mes sœurs parlent à la grille, et je sors pour le moins aussi contente qu'elles de mes entretiens qui sont pour moi pleins de charmes. »

Oh! qu'il est doux de s'entretenir ainsi avec les Anges du Seigneur! tantôt avec les Séraphins, les Chérubins et d'autres fois avec les Dominations et les Vertus et enfin avec les Anges de la dernière hiérarchie; on vit alors, à l'exemple de sœur Marie Antoinette, comme dans un monde spirituel et jamais on n'éprouve d'ennui.

SA DÉVOTION POUR LES AMES DU PURGATOIRE

Cette dévotion est surtout pratiquée par les âmes ardentes et dévouées qui n'ont en vue que Dieu seul et sa gloire, suo pur amour. En effet, parmi ces âmes du purgatoire, qui souffrent au milieu des feux allumés par la justice divine, mais seulement pour un temps, il y en a qui sont destinées à occuper les trônes les plus élevés, les places les plus sublimes du paradis, et une fois qu'elles seront délivrées des tourments qu'elles endurent, et jouiront de la vision béatifique de Dieu dont elles contempleront les ravissants attraits, elles l'aimeront et le glorifieront infiniment plus que les hommes qui sont sur la terre. C'est cette considération qui a porté plusieurs savants et docteurs de l'Église à soutenir et enseigner une doctrine bien consolante que voici : ils prétendent que la charité qui nous excite à prier pour les morts, pour les âmes qui sont décédées dans la paix du Seigneur, mais retenues captives dans les brûlants cachots du purgatoire, l'emporte sur le zèle apostolique, ou du moins égale ce zèle. Sans doute, nous admirons les prédicateurs de l'Évangile, ces hommes de dévouement qui quittent leur patrie, leur famille, leurs biens, ce qu'ils ont de plus précieux dans ce monde, et qui vont au delà des mers, exposés à perdre la vie, pour prêcher les vérités de la foi aux peuples infidèles. Rien de plus admirable, en effet, que ce dévouement, c'est le zèle de la gloire de Dieu et des âmes qui les transporte ; mais savons-nous que, sans aller si loin, sans quitter notre pays, les maisons que nous habitons, nous pouvons procurer à Dieu une aussi grande gloire et peut-être plus grande encore? Brisons les liens de feu qui retiennent les captifs de l'autre monde dans les prisons du purgatoire, délivrons-les de leurs supplices, peuplons le ciel de saints et de saintes, d'âmes angéliques, séraphiques qui aiment Dieu avec une ardeur infinie ; car, ajoutent les saints docteurs, dont nous venons de parler, la charité consommée et parfaite d'un seul juste établi dans les splendeurs de la vue béatifique glorifie plus le Très-Haut que la ferveur de tout un peuple éclairé des lumières de la foi. Notre Seigneur nous assure, dans l'évangile, que lorsqu'un pécheur se convertit, fait pénitence sur la terre, il y a une fête dans le Ciel, les anges se réjouissent. Ne peut-on pas dire la même chose des âmes du purgatoire, de ces âmes justes et prédestinées ? Quand elles sont entièrement purifiées par le feu de la divine justice, et qu'elles font leur entrée triomphante au ciel, n'est-ce pas là le plus beau triomphe, la plus belle des fêtes? Que d'hymnes d'actions de grâces, de concerts harmonieux, de chants de victoire ! Les anges célèbrent les noces de l'agneau sans tache et de ces âmes qui se sont rendues dignes de Dieu. Dieu le père les aime, ces âmes créées à son image et à sa ressemblance, il les aime et il en est aimé, il leur ouvre le sein de sa miséricorde, il les couronne et les bénit. Notre Seigneur les aime ces âmes qu'il a rachetées par son sang, il les regarde comme ses épouses, il les bénit également et leur ouvre son cœur, le Saint-Esprit, l'auteur de la grâce, leur donne pour vêtement l'immortalité et la gloire, elles brillent dans la cité du Dieu vivant d'un éclat plus radieux que celui des astres du firmament. La Sainte Vierge tressaille de bonheur en voyant ces filles qui lui sont si chères et qui ont imité ses vertus. Cette tendre mère, lorsqu'elles étaient dans le lieu de supplice, plongées dans les flammes, privées de la possession de Dieu, offrait les mérites de son divin fils et ses propres mérites pour hâter leur délivrance. Et le jour de ses fêtes, elle envoyait le bon ange, l'ange consolateur qui leur disait, *partez pour la gloire, je vous délivre de vos peines, on a prié pour vous.* Et les voilà devenues plus blanches que la neige, n'ayant aucune tache, transportées au plus haut des cieux sur les ailes des anges ; les voilà admises à la gloire du paradis. Entendez-vous les esprits bienheureux et toute la cour céleste s'écrier dans un saint transport : gloire à Dieu au plus haut des cieux ! gloire aux âmes glorieuses et fidèles qu'il daigne associer à sa divinité ! gloire aussi aux saintes âmes qui sont sur la terre et qui prient pour les défunts, elles auront le même bonheur, la même gloire ! ! !

La mère Marie-Antoinette avait ce zèle ardent pour les âmes du purgatoire, pendant les longues années qu'elle a vécu en religion, que de supplications adressées à Dieu, que de chemins de croix parcourus, que de messes entendues à cette intention !

Lorsqu'elle habitait Courcité avec ses parents, on faisait tous les ans, dans la paroisse, une neuvaine, à l'occasion de la fête des morts, pour obtenir le soulagement des âmes souffrantes dans le purgatoire ; on avait même fait imprimer, à ce sujet, des prières que les familles récitaient réunies ensemble le soir, dans leurs maisons. Mais Mlle Émilie, la future trappistine, ne se contentait pas de ces prières qui étaient conseillées, elle offrait à Dieu ses sacrifices, toutes les œuvres méritoires qu'elle pouvait faire et les unissait aux mérites de notre Seigneur, de la très-sainte Vierge et des Saints, et s'efforçait de gagner toutes les indulgences possibles, pour ouvrir le Ciel à tant d'âmes privées de la vision de Dieu et qui soupirent loin de lui, en attendant le bonheur de le voir, de jouir de sa divine présence.

La neuvaine commençait huit jours avant la Toussaint et finissait le lendemain, jour de la fête des fidèles trépassés. Elle consistait à faire un jeûne, une communion, une aumône et à réciter la prière suivante qu'on disait chaque jour.

PRIÈRE POUR LES AMES DU PURGATOIRE.

O Dieu Créateur, qui êtes notre père, Dieu Rédempteur et sauveur des hommes, Dieu sanctificateur des âmes, ayez pitié de celles qui souffrent dans le purgatoire, écoutez leurs gémissements et accordez-leur, avec la délivrance de leurs peines, le bonheur de vous aller glorifier dans le ciel; laissez vous toucher par la considération de la fidélité avec laquelle elles vous ont servi pendant leur vie, et oubliez les fautes que la fragilité de leur nature leur a fait commettre; tirez-les de ce lieu de supplices et de ténèbres pour les introduire dans le séjour de la lumière et de la paix.

O Père éternel, nous vous conjurons, par les entrailles de votre miséricorde, de pardonner à ces âmes souffrantes, nous vous offrons pour leur soulagement tout ce que Jésus-Christ, votre divin fils, a souffert et enduré pendant le cours de sa passion douloureuse et principalement dans sa cruelle agonie au jardin des olives, nous vous l'offrons par l'amour et en union de l'amour avec lequel il a souffert.

O Jésus, divin sauveur des âmes, qui avez souffert et qui êtes mort sur la croix pour leur ouvrir le Ciel, ouvrez-le à celles qui sont retenues dans les flammes du purgatoire. Nous vous en supplions par les délices et les béatitudes dont vous jouissez sans cesse, comme Verbe Eternel, dans le sein de votre Père céleste.

O Saint-Esprit, qui êtes l'amour consubstantiel du Père et du Fils, nous vous en supplions aussi par ce même amour qui vous unit si étroitement à ces deux adorables personnes, par les triomphes éclatants de votre Eglise et les sept dons que vous lui avez communiqués, nous vous supplions, ô Esprit consolateur, de répandre vos grâces et vos douceurs sur l'Eglise souffrante.

Trinité-Sainte, nous vous prions en général pour toutes les âmes des fidèles défunts, mais plus particulièrement encore pour celles de notre famille religieuse, de nos parents, de nos bienfaiteurs et de tous ceux pour lesquels nous sommes plus spécialement obligés de prier. O Trinité-Sainte, soulagez surtout les âmes les plus délaissées et oubliées du purgatoire. Exaucez, adorable Trinité, l'humble demande que nous vous faisons pour leur soulagement ; nous ne sommes pas dignes, il est vrai, d'être exaucées dans nos prières, mais considérez que nous vous demandons cette grâce par le Cœur et les mérites de celui qui s'est chargé de satisfaire pour nous.

O divin Cœur de Jésus, qui avez été percé d'une lance sur la croix, ouvrez-vous en faveur des âmes du purgatoire et laissez tomber sur elle une seule goutte de ce sang précieux capable d'effacer tous les péchés du monde.

O Marie, divine mère, dont l'âme a été transpercée d'un glaive de douleur, soyez touchée de compassion pour ces âmes que Jésus-Christ votre fils a rachetées au prix de son sang, envoyez le bon ange pour les délivrer de leurs tourments.

O Saints et Saintes, qui régnez dans le ciel, intercédez pour nos frères défunts qui souffrent dans le purgatoire, intéressez-vous aussi en notre faveur, afin que, nous appliquant sans cesse aux exercices d'une vie sainte et détachée des choses d'ici-bas, nous puissions un jour jouir avec vous des biens célestes et vous être réunis pendant la bienheureuse éternité.

Que les âmes des fidèles trépassés reposent en paix par la miséricorde de Dieu. Ainsi soit-il.

On termine par cette invocation :
Mon Jésus miséricorde ! ! !

Voilà les vertus et les perfections que j'ai pu remarquer, étant jeune prêtre, dans la fidèle servante du Seigneur dont la vie tout entière a été si édifiante et qui s'est d'autant plus élevée vers Dieu et les choses célestes, qu'elle s'est abaissée sur la terre.

Voici maintenant d'autres témoignages que nous allons citer : d'abord celui de M. son frère, ancien curé de Fontenay, et ensuite du R. P. Athanase, religieux trappiste qui a été le directeur des religieuses de la Cour-Petral.

M. Mézerette-Deslauriers, curé de Fontenay, dit que sa sœur entra à la Trappe de Sainte-Catherine de Laval le 20 mai 1828, et qu'elle était dès lors si fidèle observatrice de la règle et du silence, que c'était pour elle un supplice quand il fallait aller au parloir. Elle le faisait, avec une obéissance filiale, lorsque la Révérende mère Abbesse lui disait de s'y rendre, et encore, quand elle était là, elle avait si grand peur de passer d'une seule minute le temps prescrit par la règle, qu'elle demandait à sa compagne qui était avec elle : mais l'heure où l'on doit se retirer n'est elle point écoulée ?

Mme Mézerette, sa mère, quand elle allait à Laval voir son fils, aumônier de l'hospice St-Louis, et passer chez lui une ou deux semaines, profitait de ce voyage pour faire quelques visites à sœur Antoinette, sa fille. « Ma mère, lui » disait celle-ci, il ne faut pas venir souvent me voir, la

» règle ne le permet pas, et encore restons peu de temps.
» J'aurais pourtant bien du bonheur à m'entretenir avec
» une si bonne mère qui m'est si chère, vous le pensez
» bien, mais il faut toutes les deux faire notre sacrifice ;
» par amour pour Dieu, retirons-nous. » Et alors madame
Mézerette édifiée et attendrie en même temps, en voyant
la vertu de sa fille, retournait chez son fils et lui disait :
« *Elle m'a renvoyée ;* elle a fait comme ma chère mère qui
» était religieuse au Calvaire de Mayenne. J'étais toute
» jeune alors et j'habitais loin d'elle, j'allais la voir
» quelquefois, je l'aimais avec tant d'affection ! Mais
» après un moment d'entretien qui ne me paraissait
» qu'un instant, elle me disait : *Ma fille il faut nous quitter*,
» je suis ici dans une communauté cloîtrée, il ne faut pas
» venir me voir souvent, faisons notre sacrifice toutes deux
» par amour pour notre divin Maître, nous sommes éloi-
» gnées de corps, mais je suis près de vous par le cœur et
» l'esprit, je pense bien souvent à vous, je ne vous oublie
» point, ni personne de notre famille. Eh ! bien, ajoutait-
» elle, ma fille, Marie Antoinette, m'a tenu aujourd'hui le
« même langage. Que Dieu soit béni lors même qu'il im-
» pose des sacrifices pénibles et qui s'opposent aux senti-
» ments de la nature, il les récompensera au centuple dans
» le ciel ! »

M. le curé de Fontenay dit encore, dans sa notice sur la mère Antoinette, que la Révérende mère abbesse Marie-Elisabeth se plaisait à la citer, dès les premières années qu'elle fut en communauté, comme le modèle des novices et des religieuses. Il y a plus, elle la choisit pour la mettre à la tête du noviciat, seulement pendant quelques jours, ce qui l'humilia beaucoup, et lui fit pratiquer cette vertu, ainsi que l'obéissance, « car, disait-elle, moi qui ne savais
» pas me conduire, moi si dénuée de vertus, j'étais obligée
» de diriger dans les voies de la perfection des âmes bien

» plus avancées que moi dans l'oraison ; mais il fallait
» obéir. »

Ce fait prouve la confiance que la mère Elisabeth avait dans la vertu de la jeune religieuse qu'elle avait formée elle-même à la piété.

Plus tard, continue M. le curé de Fontenay, dans la relation qu'il a faite sur la sœur Marie-Antoinette, elle fut choisie, en 1837, pour aller, avec la petite colonie des Trappistines de Laval, fonder un monastère de leur Ordre à Mondaye, diocèse de Bayeux. Elles n'étaient alors qu'un petit nombre de religieuses, et la communauté venant à augmenter, on la nomma sous-prieure, en 1840, charge dont elle s'acquitta avec beaucoup de zèle et d'humilité. Mais ce monastère était inachevé, elles manquaient de sujets et de ressources pour entreprendre des travaux de construction, elles ne pouvaient rester là. La Providence vint à leur secours, une dame riche et charitable leur offrit une maison convenable, un jardin et un petit bois, et elles vinrent, en 1845, habiter ce lieu appelé la Cour-Pétral, situé dans le diocèse de Chartres. L'année suivante, en 1846, on lui confia la charge si importante de maîtresse des novices qu'elle remplit à la grande satisfaction de la communauté. En 1851, elle fut remise sous-prieure et continua de l'être les années suivantes ; ce fut en 1866 qu'on la nomma supérieure. M. Mézerette, son frère, dit à ce sujet, dans sa relation, que lorsqu'on apprit son élection dans les monastères de son ordre, on disait : c'est la mère humilité qui vient d'être élue supérieure à la Cour-Pétral. Elle écrivait alors à M. le curé de Fontenay, son frère, à M. Gasnier archiprêtre de Château-Gontier, et à M. Gautier pour leur exprimer son abattement, ses craintes, ses frayeurs : Plaignez-moi, disait-elle. Je ne vous félicite pas, ma révérende mère, répondit M. Gasnier, mais je ne vous plains pas. Elle m'écrivit à moi-même : Ne m'appelez pas, je vous en supplie, ma révérende mère, mais votre sœur. Sa profonde humilité lui faisait croire qu'elle était incapable d'être à la tête de la communauté, elle se regardait comme la dernière de ses sœurs, elle se soumit cependant, malgré sa profonde tristesse, avec la docilité d'un enfant, et répondit au Révérendissime P. abbé qui l'encourageait : *Dieu a fait de rien toutes choses, qu'il fasse de moi ce qu'il lui plaira*. Quelque temps après son élection, elle fut visitée par M. son frère et M. Gasnier, ils s'en retournèrent tous deux édifiés de ses entretiens, et embaumés de l'odeur de ses vertus. J'éprouvais les mêmes sentiments, les deux fois qu'il m'a été donné d'aller la visiter à la Cour-Pétral.

La Révérende Mère Antoinette, d'après le témoignage de M. son frère que nous continuons de rapporter ici, fut vivement effrayée en apprenant l'invasion des Prussiens qui devaient faire tant de ravages en France. Le Révérendissime Père abbé de la Trappe, écrivit aux religieuses de faire leurs préparatifs, de se disposer à quitter leur monastère, qu'il leur avait trouvé un asile où elles seraient en sûreté, au diocèse d'Angers, et qui était préparé pour les recevoir avec une charité vraiment fraternelle. La communauté de la Cour-Pétral fut très-sensible au dévouement de leurs sœurs de la Trappe des Gardes, mais elles furent préservées. La Providence veillait sur elles, les Prussiens arrivèrent chez elles, déjeûnèrent au parloir et respectèrent la clôture. Dieu les visita par de longues souffrances acceptées avec patience, reconnaissance et résignation.

Voilà les détails que nous donne M. le curé de Fontenay sur la vie de la Mère Antoinette, et il ajoute, pour mieux faire connaître les vertus religieuses qu'elle a pratiquées, aussi bien dans le monde que dans le cloître: Que dirons-nous de son amour pour la pénitence, de ses austérités et macérations qu'on voulait modérer, de son esprit de pauvreté, d'abnégation et de mépris pour elle-même! Parmi les pratiques qui avaient le plus d'attrait pour elle, étaient la méditation des souffrances de Notre-Seigneur Jésus-Christ, le chemin de la croix, la dévotion au Très-Saint-Sacrement. Les moments les plus heureux de sa vie étaient ceux qu'elle pouvait passer prosternée aux pieds de Jésus-Christ présent dans l'Eucharistie ; elle y restait le plus longtemps possible, et là elle priait pour la conversion des pécheurs, sans jamais se lasser. Que dirons-nous encore de sa tendre dévotion pour la très-sainte Vierge immaculée, les saints anges gardiens, les âmes du purgatoire, le sacré-cœur de Jésus ? Elle fut si heureuse d'avoir fait sa profession le jour de cette fête.

Enfin il termine en disant : Ce que j'ai remarqué en elle, même lorsqu'elle vivait chez ses parents, c'est une fidélité constante à suivre son règlement et à mener une vie uniforme et exemplaire. Simple et docile, petite à ses propres yeux, elle était d'une douceur angélique et avait toujours le sourire sur les lèvres. L'éloignement du monde, l'amour de la retraite, l'oraison, la messe de chaque jour, le chapelet, les lectures pieuses faisaient ses délices ; ses jeûnes étaient fréquents, et ses veilles se prolongeaient dans la nuit, au point que lorsque sa mère allait la trouver pour l'envoyer prendre son repos, elle la trouvait plongée dans une profonde méditation. Et ce qu'elle faisait dans le monde lui arrivait quelquefois en communauté, lorsqu'elle était dans la ferveur du noviciat et jeune professe. La Révérende mère abbesse Marie-Elisabeth, qui connaissait son ardeur, dit une ancienne religieuse de Sainte-Catherine, l'envoyait se coucher après les complies. Mais que faisait-elle ? prosternée, les deux genoux en terre, auprès de son lit, elle priait. La mère abbesse, qui se défiait de ses ruses de piété, allait la trouver quelque temps après et lui disait : Je ne vous ai pas envoyée au dortoir pour rester auprès de votre couche, vous devez vous mettre au lit.

Elle obéissait, mais au lieu de se coucher, elle restait sur son lit, et continuait sa prière. La mère abbesse revenait quelque temps après, et ajoutait : ce n'est pas ainsi que je l'entends, vous devez vous coucher tout de bon sur votre paillasse et dormir. Alors elle obéissait à la lettre : et elle prenait un peu de sommeil qui durait à peine deux ou trois heures. On pouvait bien dire de cette sainte et jeune religieuse, ce que l'Esprit-Saint dit de l'épouse des cantiques. Je dors par la nécessité de la nature, mais mon cœur veille par la grandeur de mon amour pour Dieu.

Témoignage du Révérend père Athanase, directeur de la mère Antoinette. Il dit en deux mots plus que nous n'avons pu dire, à son sujet, en entrant dans de longs détails.

Il écrit ces paroles à la Révérende mère supérieure : « Je ne
» vois pas d'inconvénient à vous dire que ce qui m'a le plus
» frappé dans cette sainte âme, c'est la grande simplicité
» de son oraison habituelle : Quand je lui demandais dans
» l'intimité : Bonne petite mère, que faites-vous donc à
» passer de si longues heures sur vos pauvres genoux devant le Saint-Sacrement, immobile comme une statue?
» Hélas ! me répondait-elle, à voix basse, il me semble que
» je ne fais rien ; je considère la grande bonté de Dieu pour
» sa créature, j'admire, je bénis sa grande miséricorde, etc.,
» puis je jette un regard sur mon néant dans lequel je m'abîme..... Mon Dieu, vous savez que je ne suis rien, que je
» ne puis rien, mettez en moi ce que vous voulez y trouver.... Je lui rends mille actions de grâces pour tout ce
» qu'il a fait pour moi, malgré mes ingratitudes, et mon
» cœur se fond en reconnaissance, etc..... »

C'est ainsi qu'elle passait, ajoute-t-il, ses longues heures à l'Église, malgré ses infirmités que vous connaissez. Le temps ne me permet pas d'en dire plus long. Elle m'avait écrit une longue lettre depuis qu'elle était supérieure, mais je ne l'ai pas conservée, elle se plaignait de ne plus trouver de temps pour prier, et cependant sa prière était continuelle ; elle ne perdait jamais le souvenir de la présence de dieu.

Nous allons maintenant raconter le témoignage des religieuses trappistines de sainte Catherine de Laval et de la Cour-Pétral qui ont vécu avec la mère Antoinette, du temps même qu'elle était jeune religieuse, qui l'ont connue parfaitement et dans l'intimité, et qui racontent avec simplicité ce qu'elles ont vu d'édifiant en elle ; leur récit est plus capable de faire impression que toutes nos paroles : nous ne dirons ici que ce qu'elles disent elles-mêmes dans les notes qu'elles ont bien voulu nous procurer.

NOTES D'UNE ANCIENNE RELIGIEUSE DE SAINTE-CATHERINE.

En entrant à la Trappe, je fus frappée de la piété, de la modestie de la mère Antoinette, qui était encore jeune religieuse, et je me proposai de l'imiter. Deux mois environ après mon entrée, la bonne et Révérende mère abbesse nous la donna pour maîtresse des novices. L'humilité et la soumission avec lesquelles elle accepta cette charge firent bien voir la violence qu'elle dut se faire dans la vue de son incapacité..... Alors je fus à même de mieux l'apprécier, je lui donnai toute ma confiance, elle de son côté me prodigua tous les soins d'une tendre mère, avec une patience et une bonté que je ne saurais exprimer.

Elle me portait surtout à un grand recueillement, à un grand esprit d'oraison, à faire toutes mes actions avec un esprit surnaturel, n'agissant que pour Dieu seul et en vue de lui plaire... Elle avait une grande dévotion envers le Très-Saint-Sacrement ; la manière dont elle m'en parlait me ravissait... J'avais déjà un grand désir de la sainte communion, mais ses saintes instructions augmentaient encore beaucoup en moi ce vif désir. Je voyais dans sa conduite le modèle accompli de tout ce qu'elle me conseillait.

1° Obéissance parfaite, soumission entière à ses supérieures.

2° Un amour de la pauvreté qui se montrait en toutes choses. Tout ce qu'il y avait de plus humble faisait ses délices.

3° Une modestie si entière, si continuelle, si parfaite, que jamais je ne lui voyais lever les yeux sans un motif de charité. Sa vue seule embaumait l'âme d'un parfum de piété.

4° Que dire de sa piété ?.,. C'était comme un ange adorateur en présence du Très-Saint-Sacrement, on la voyait à genoux pendant des heures entières, sans aucun mouvement.

5° Elle était une sainte mère, un modèle accompli de modestie, en tous lieux.... au travail, au réfectoire, au chapitre, par tout le monastère... jamais elle ne se démentait.

6° Sa charité était parfaite, son amabilité gagnait les cœurs, sans gêne, sans embarras, mais bonne et gracieuse avec tout le monde.

7° Son silence était réglé sur la sainte règle, elle parlait lorsqu'elle était interrogée, avec humilité, douceur, et en peu de mots.

8° Que dire de son humilité ? Elle était si grande que ma vénérable et Révérende mère Elisabeth m'a dit qu'elle lui en trouvait trop, car elle l'empêchait quelquefois de faire valoir le don que Dieu avait mis en elle, lequel n'était pas des moindres.

Enfin, pour résumer tout en peu de mots, je n'ai jamais remarqué en cette chère mère que des actions parfaites et jamais l'ombre d'imperfections involontaires. C'était une âme cachée qui ne cherchait qu'à s'anéantir devant Dieu et devant les hommes, une âme pénitente dans toute sa conduite.

Elle a embaumé de sa sainteté les deux premières années

de ma vie religieuse, et depuis trente-neuf ans elle m'est aussi présente que le jour de mon entrée en religion. Son souvenir m'excite toujours à la vertu.

Sa vie présentait des actes si simples et si unis qu'on n'y voyait rien d'extraordinaire et en même temps si parfaits qu'elle était extraordinaire en tout.

Autres notes de la même communauté sur la mère Antoinette.

1º Union continuelle avec Dieu.
2º Toujours la première au chœur.
3º Toujours la même, toujours prête à rendre service.
4º Elle ne se faisait remarquer en rien, tout était toujours bon pour elle.
5º Elle était d'une régularité parfaite, exemplaire.
6º Elle avait toujours les yeux baissés et paraissait profondément recueillie.
7º Lorsqu'on lui adressait la parole elle regardait la personne avec une figure épanouie, et dès qu'on cessait de lui parler, elle baissait les yeux et rentrait dans son recueillement ordinaire.

DÉTAILS FOURNIS PAR LES SUPÉRIEURES ET RELIGIEUSES TRAPPISTINES DE LA COUR-PÉTRAL.

1re Notice.

La vie de notre vénérée mère Antoinette a toujours été uniforme, elle était toute cachée en Dieu, et tellement cachée que nous ne pouvons connaître bien des choses qui assurément auraient édifié. Depuis quarante ans que j'ai eu le bonheur de vivre avec cette âme d'élite, j'ai vu briller en elle toutes les vertus religieuses à un degré éminent.

Sa régularité était telle qu'on l'appelait une règle vivante, toujours, malgré son âge avancé et ses infirmités, elle se levait avant la communauté, étant chargée du réveil. Elle s'acquittait de cette fonction avec un zèle admirable. On la surprenait quelquefois à deux heures du matin prosternée sur le parquet du chœur. Elle se mettait à genoux dès qu'elle entendait les religieuses arriver, afin de ne pas se faire remarquer. Outre le temps des offices, de la sainte messe et de l'oraison, elle passait tous ses intervalles au chœur devant le Très-Saint-Sacrement, toujours à genoux, sans appui. Certaines sœurs ont remarqué qu'elle passait des heures au chœur les dimanches. On peut dire que son union à Dieu était continuelle. Le sommeil même n'interrompait pas son oraison. On pouvait dire de cette sainte mère, comme de l'épouse des cantiques, je dors et mon cœur veille.

Que dirai-je de sa profonde humilité? elle se regardait comme la dernière de ses sœurs, s'humiliant en toute rencontre. Le bon Dieu permit qu'elle fût mise à l'épreuve peu de jours après sa sortie du noviciat : la Révérende mère première abbesse de la Trappe de Sainte-Catherine, à Laval, ne se rappelant plus que la bonne mère Antoinette assistait au chapitre des professes, dit à une religieuse qui s'accusait de ses fautes : Si vous étiez donc comme cette petite sœur Antoinette? Voilà un modèle de régularité ! Elle s'étendit ensuite sur les vertus de notre chère mère sur le visage de laquelle on vit couler de grosses larmes qui édifièrent celles qui en furent les témoins.

Lorsqu'on la mit maîtresse des novices, elles les confondait par son humilité, s'abaissant jusqu'à décrotter leurs chaussures, etc... Si on s'accusait à elle de quelques fautes, elle-même s'accusait aussitôt, disant : et moi je suis pire que tout cela : puis elle détaillait ses prétendus manquements. Les accusations publiques, les pratiques de pénitence en usage dans nos maisons étaient des aliments à sa profonde humilité.

Sa charité était si grande qu'on ne l'a jamais surprise, ni par parole, ni par action, manquant à cette reine des vertus. Si en sa présence, on blâmait quelqu'une, aussitôt elle l'excusait, trouvant toujours un beau côté à l'action ou du moins à l'intention.

De là cette douceur inaltérable et sa patience à supporter les peines inséparables de la vie, toujours un doux sourire sur les lèvres qui ravissait toutes ses sœurs jusqu'à ses derniers instants.

Son esprit de mortification s'étendait à tout : si l'on peut excéder dans la pratique de la vertu, on peut dire que notre sainte mère a excédé dans celle-ci, ce qui lui procurait de bonnes humiliations. Si l'on voulait lui donner des soulagements dans la nourriture, il fallait que les supérieures usassent de leur autorité, encore trouvait-elle moyen de se mortifier en les prenant, ce qui lui valut une plaisanterie de la part d'une de ses sœurs qui lui dit que son attachement à la mortification mettrait obstacle à sa canonisation.

Son amour pour la pauvreté la faisait veiller à tout. Les vêtements les plus rapiécés étaient ceux qui lui convenaient le mieux. On l'a vue se baisser pour relever un bout de fil de la longueur du doigt. Elle allait et revenait dans l'obscurité plutôt que de brûler un peu d'huile ; la veille de sa mort s'étant aperçue qu'une sœur qui la veillait avait un petit lampion, elle s'en plaignit le lendemain, disant que c'était contre la sainte pauvreté.

Pendant le temps de sa maladie, elle ne se plaignit que d'une chose. d'être trop bien soignée ; elle s'épuisait en sentiments de reconnaissance, il fallait que son infirmière usât de petites ruses pour lui faire prendre les moindres douceurs que requérait son état, alors c'étaient des gémissements sur sa prétendue immortification, elle ne voulait pas qu'on fît du feu dans la cheminée, cela la gênait, disait-elle, une chaufferette l'accommodait bien mieux.

Si nous allions la visiter, elle se levait et venait nous conduire jusqu'à la porte. Monseigneur l'évêque de Chartres vint voir cette digne mère, pendant qu'elle était à l'infirmerie, elle raccommodait des chaussons : « Vous travaillez donc toujours, ma bonne mère, » lui dit sa Grandeur, puis elle ajouta : « Offrez vos souffrances et vos prières pour la sainte Eglise et son Chef vénéré et pour les pécheurs. » Je le fais, Monseigneur, répondit-elle : puis Monseigneur lui dit quelques paroles d'édification et la bénit. Notre Révérendissime vint aussi visiter la chère malade quelque temps après. Sa révérence put remarquer cette douce sérénité sur son visage, qui édifiait tous ceux qui la voyaient ; du reste j'ai entendu notre Révérendissime dire que la mère Antoinette était une sainte, une personne d'exemple, etc.

Pendant les derniers jours de sa maladie ce fut pour elle un vrai sacrifice de ne pouvoir faire le chemin de la croix qu'elle faisait régulièrement tous les jours, à genoux sur le pavé du cloître et sans s'appuyer. Elle n'omit jamais d'entendre la sainte messe, même la veille de sa mort. on l'apporta sur un fauteuil au chœur, afin qu'elle pût communier à jeun : il n'y eut pas moyen de la faire asseoir pendant le Saint-Sacrifice. Elle entendit une seconde messe ce jour-là, toujours à genoux. quoique la veille elle eût reçu l'extrême-onction. Je laisse à une de nos sœurs à raconter de quelle manière édifiante elle reçut les derniers sacrements. La nuit se passa en colloques avec son divin époux, à part quelques moments de délire : le matin, la trouvant plus mal, elle-même fit appeler notre Révérende mère et demanda à se confesser ; on lui apporta ensuite le saint viatique. Elle pria l'infirmière de la lever ; et comme on lui représenta qu'il fallait mourir dans l'obéissance, elle se soumit et resta couchée. Ce fut pendant que cette sainte mère faisait son action de grâces qu'on s'aperçut qu'elle s'éteignait. L'infirmière voulut lui faire prendre quelque chose, elle la remercia, disant : C'est fini, je ne prendrai plus rien. Quelques instants après, la cloche appelait la communauté pour les prières de l'agonie, elle expira doucement, pendant qu'on les récitait, sans qu'on pût s'en apercevoir. En se retirant d'auprès de cette sainte défunte, on ne pouvait s'empêcher de dire : « Que mon âme meure de la mort des justes et que ma fin soit semblable à la leur. »

Autre note. — La mère Antoinette avait un grand esprit de foi, de là son esprit de piété. Comme le grand Saint-François-de-Sales, il semblait que cette bonne mère était toujours devant le Très-Saint-Sacrement ; toujours on la trouvait en prières, même durant le travail et le sommeil; plusieurs fois j'en ai eu la preuve, lorsque j'allais à sa couche, une fois entre autres, étant allée l'éveiller pour assister à la mort d'une jeune religieuse, elle fit d'abord un léger cri, puis elle dit aussitôt : *Mon Jésus, miséricorde !* Son humilité nous a privées de bien des choses édifiantes : à l'entendre elle ne faisait rien que dormir, surtout au chœur, c'était son gémissement continuel, elle répétait encore les derniers jours de sa vie : *Je n'ai rien fait pour le bon Dieu !*

Lorsque j'entrai à la Trappe, le 17 septembre 1831, je me dis : cherchons un modèle. Il fut bientôt trouvé; en effet, on venait d'élire le Révérend père François d'Assise Abbé au Port du Salut. Il vint nous voir à Sainte-Catherine, et on assembla la communauté au parloir; j'eus le bonheur de me trouver près de cette chère mère Antoinette; dans ces occasions sa place était toujours derrière la porte, toujours la dernière et dans le lieu le plus incommode. Si j'allais accuser mes fautes elle disait en avoir fait plus que moi ; ses prétendues fautes étaient des vertus. Elle m'avertissait de quelques manquements, elle venait ensuite me faire des excuses. Jamais elle ne croyait avoir dit les choses assez charitablement, cependant je ne l'ai jamais vue blesser cette vertu.

2e Notice.

Je n'ai fait la connaissance de notre bonne mère Antoinette qu'à la fin de juillet 1867, époque où je suis entrée dans cette sainte maison; elle venait alors d'être élue Révérende mère. Ce fut elle qui me fit ouvrir la porte du monastère, et qui, en sa qualité de supérieure, me reçut comme postulante. Son air vénérable, sa physionomie empreinte d'une aimable douceur, son corps exténué et un peu contrefait par les austérités me frappèrent d'abord et j'eus la pensée qu'elle était une sainte. J'observai avec une grande attention cette vénérable mère, et dans toutes ses actions je trouvais toujours de nouveaux sujets d'édification. Atteinte depuis nombre d'années d'une maladie de cœur qui lui occasionnait des suffocations fréquentes, loin de s'en autoriser pour se faire dispenser de certaines régularités qui, humainement parlant, auraient dû lui être impossibles, elle les accomplissait toutes sans distinction, et même avec plus de promptitude et de ferveur les plus difficiles. Ainsi, après un court repas, elle était toujours la première levée de table et arrivée à l'Eglise, l'hiver comme l'été, et cela par amour pour la prière, et elle a toujours agi de la sorte pendant toute sa vie, sauf la dernière année qu'on lui donna une chambre à l'infirmerie, afin de la forcer à se procurer quelque soulagement ; ce qui n'empêchait pas cette vénérable mère d'assister au chapitre, de se prosterner chaque fois. Il suffisait de l'entendre s'accuser pour apprécier sa haute vertu: Quelles fautes pouvait-elle confesser? d'avoir été immortifiée, d'avoir retenu sans nécessité les supérieures pour leur parler de ses infirmités, d'avoir dit des paroles inutiles; telles étaient les grandes fautes dont cette bonne mère s'humiliait comme des plus grands péchés, tant son âme était pure.

Que dire de sa mortification? elle la portait jusqu'à la cruauté envers elle-même, au point que, l'avant-veille de sa mort, s'étant fait porter à l'Eglise pour assister à la sainte messe et y faire la sainte communion, ne pouvant tenir sur ses pieds à cause de l'extrême enflure de ses jambes, nonobstant la grande difficulté de plier ses genoux qui étaient enflés, elle s'est mise également à genoux pendant le Saint-Sacrifice et y est restée jusqu'à la fin de son action de grâces sans faire le moindre mouvement, tant elle était absorbée en Dieu. Cette posture forcée avait été cependant si gênante qu'elle fit déchirer la peau de ses genoux et l'eau s'en écoulait avec abondance, si on ne s'en était pas aperçu, elle n'en aurait tenu aucun compte. Vraiment elle souffrait dans un corps étranger, tant elle avait d'énergie et de courage pour crucifier son corps en mille manières. Cette bonne mère était très-adroite à cacher ses actes de mortification comme toutes ses autres vertus: ainsi elle avait la coutume d'être toujours, à l'Eglise, sans aucun appui et d'y rester des heures entières, toute abîmée dans son néant, en présence de la majesté divine qu'on eût dit qu'elle contemplait à découvert. Dans ses dernières années on l'engageait à prendre un prie-dieu, et même à s'asseoir sur le banc des infirmes, et quelquefois nos supérieures l'y contraignaient, mais c'était pour bien peu de temps qu'elle s'y mettait par obéissance, car elle parvenait à faire entendre que l'habitude qu'elle avait contractée d'être à genoux faisait que cette position lui était plus commode que toute autre. Ce n'est pas trop dire que d'avancer que la vie de cette vénérable mère était une oraison continuelle. Son extérieur si composé disait assez qu'elle ne perdait jamais de vue la présence de Dieu. Depuis nombre d'années, on avait cru devoir satisfaire son grand attrait pour la prière, on lui permettait de prendre une demi-heure sur le temps du travail, et ce temps elle le passait comme tous ses intervalles libres, en adoration devant le Saint-Sacrement. Qu'il était édifiant de la voir sans aucun mouvement et comme affranchie des besoins du corps, si fortement unie à son Dieu, l'unique objet de son amour ! Rien ne pouvait la distraire de ce divin objet. Son attitude seule suffisait pour réveiller la foi la plus assoupie. La vie toute entière de cette sainte mère faisait plus d'impression que les sermons les plus touchants, car on y voyait l'exemple de toutes les vertus qu'elle possédait dans un degré éminent, et on peut dire qu'elle en faisait des actes à chaque instant.

Tout en elle indiquait une humilité si profonde qu'on en était dans l'admiration, elle aimait à être cachée et inconnue des hommes, évitant dans sa conversation et sa correspondance toutes expressions ou tournures de phrases recherchées qui auraient pu lui attirer l'estime ; ne désirant et ne recherchant, à l'exemple de Notre Seigneur Jésus-Christ, que la confusion et le mépris. J'ai eu la preuve de ce que j'avance dans bien des rencontres, surtout pendant qu'elle était révérende mère, et la supériorité qui pourrait quelquefois être un écueil où l'amour-propre serait tenté de se produire, fournissait au contraire à cette grande âme des occasions nombreuses de pratiquer sa chère vertu d'humilité. Lorsque dans nos conférences particulières on s'accusait de ses fautes, tout en reprenant, avec sa bonté habituelle, elle se hâtait d'ajouter, en soupirant : hélas ! moi aussi je fais bien des fautes et je n'ai pas l'avantage de m'en accuser comme vous, et je ne m'en corrige pas.

Je suis bien heureuse que le bon Dieu soit infiniment bon.

C'est dans ces trop courts instants d'intervalle que je parvenais à découvrir quelque peu du trésor si caché de ses éminentes vertus. J'insistais beaucoup pour qu'elle me donnât des leçons, qu'elle m'apprît à bien aimer le bon Dieu, à pratiquer l'humilité, etc., etc. D'abord elle s'en reconnaissait incapable, puis enfin il lui échappait de courtes paroles enflammées du feu de l'amour divin dont son cœur brûlait, et ce peu de paroles dites simplement réchauffait ma froideur et me ranimait au service de notre bon maître. En présence de cette vénérable mère, on était pénétré d'un saint respect, on respirait près d'elle une odeur de sainteté qui embaumait l'âme et qui lui était très-salutaire, on eût voulu rester toujours en sa compagnie, on s'y croyait à l'abri de tout danger ; surtout pendant la guerre nous la regardions comme notre sauvegarde et notre paratonnerre. Nous avons fait une grande perte en perdant sa présence et ses exemples si efficaces ; mais ce qui nous console, c'est que nous savons qu'au ciel son pouvoir et sa charité plus grande ne lui permettront pas de nous oublier.

Ah ! disons encore ici que notre mère Antoinette était une lumière éclatante dans la maison de Dieu. J'aimais à la faire briller aux yeux de nos jeunes sœurs novices, ne croyant pouvoir mieux guider leurs pas chancelants dans la carrière religieuse où elles débutent, avec toute l'ardeur de leur âge ; ce que je continue à faire avec profit pour elles, et je suis heureuse chaque fois de trouver écho dans leurs cœurs. Présentement, que nous sommes privées de ce beau modèle de régularité, son seul souvenir excite encore notre courage et la mémoire de cette sainte mère est en grande vénération parmi nous et une source de bénédiction.

On peut dire de notre vénérable mère Antoinette qu'il n'y avait rien de petit dans sa piété. Sa grande dévotion était, avant tout, la dévotion à la règle, et afin de mieux faire ressortir les sublimes vertus qui ont brillé d'un plus vif éclat dans tout le cours de sa vie, il faut se contenter d'en nommer trois qui en étaient, pour ainsi dire, le caractère distinctif; humilité profonde, charité ardente, pénitence, mort à soi-même qui en faisait une victime sans cesse en état d'immolation. Sa charité envers le prochain était telle que je ne l'ai jamais entendue y manquer le moins du monde, et lorsqu'elle entendait y manquer tant soit peu, elle avait toujours des raisons pour couvrir tous les défauts; comme elle saisissait toutes les occasions qui se présentaient, ainsi que nous l'avons déjà dit, pour s'humilier et pratiquer la mortification, et cela jusqu'à ses derniers moments !

La veille de sa mort j'eus l'avantage de lui faire visite, en compagnie de ma mère sous-prieure avec laquelle elle avait fait profession dans son monastère de Laval. Notre bonne mère voulut profiter de cette circonstance pour pratiquer sa chère vertu d'humilité, et se mit à nous citer un trait de son noviciat. Voici ses paroles : Notre mère maitresse, nous dit-elle, qui était la mère Catherine, s'étant trouvée indisposée, fut envoyée pour quelques jours à l'infirmerie, et ma révérende mère abbesse me chargea (afin sans doute de m'humilier) de la remplacer dans cette emploi, ce dont j'étais complètement incapable, mais il nous fallait obéir. Rendant compte à ma mère Catherine d'une chose que j'avais faite, sans doute que c'était une gaucherie, car je ne savais faire que cela, ce qui ne contribuait pas peu à m'intimider ; vous savez que cette bonne mère Catherine avait une dignité dans toute sa personne qui imposait le respect ; je ne sais si je ne voulus pas m'excuser, elle me dit alors avec la manière que vous lui connaissiez. Quel orgueil! quel orgueil!... Et cette bonne mère Antoinette, comme se parlant à elle-même, ajouta : oh ! qu'elle avait bien raison, qu'elle me connaissait bien, cette bonne mère, j'étais si orgueilleuse !

Il y avait une autre qualité encore qui distinguait particulièrement notre vénérée mère Antoinette et qui lui gagnait les cœurs, c'était son extrême politesse et sa reconnaissance pour les plus petits services ; chaque fois elle se confondait dans son indignité, se regardant comme la dernière de la maison, tandis qu'elle en était le plus bel ornement. C'était à qui aurait le privilége de la servir ; pour ma part, je regardais comme une bonne fortune de lui rendre le plus léger service ; il était beau de voir cette digne mère, sans cesse aux pieds de la révérende mère, s'accuser, comme la règle le prescrit, des plus légers manquements, et cela jusqu'à ses derniers moments.

J'avais pour cette vénérable mère un respect et une confiance sans limites, et souvent j'aimais à lui rappeler que j'avais plus droit que personne à ses prières, parce que j'étais plus spécialement sa fille, c'était elle qui avait reçu mes vœux, ce dont je m'estimais très-heureuse, car je ne doute pas qu'elle me rende digne de ma belle vocation. Que ne puis-je marcher sur ses traces ! Mais hélas ! qu'il y a peu d'âmes assez courageuses pour parvenir à la hauteur sublime où est parvenue notre digne mère. Le jour de ma profession, cette bonne mère, sur mes vives instances, voulut bien préparer la petite exhortation qu'elle devait me faire au chapitre. Je n'en perdrai jamais le souvenir, tant elle était touchante et pleine de sentiment ; en voici quelques phrases seulement: N'oubliez pas, ma chère sœur, que vous prenez aujourd'hui un époux crucifié, et sachez que l'amour divin a ses rigueurs, etc. etc. Cette bonne mère fut vraiment éloquente, elle était heureuse, j'étais sa seconde fille à laquelle elle donnait le voile bénit, et moi plus heureuse encore de le recevoir de ses mains vénérables?

3ᵉ Notice

Voici quelques vertus principales que j'ai vu briller, avec plus d'éclat, en notre sainte et vénérée mère Antoinette, pendant les deux années que j'ai eu le bonheur de la connaître.

La vertu se découvre d'elle-même, malgré les efforts que font les saints pour la cacher. A voir cette sainte mère, au milieu de la communauté, elle ne faisait rien d'extraordinaire qui pût la faire remarquer. L'exacte observance de la règle était sa grande dévotion, et, tout en la pratiquant, elle parvint au faîte de la perfection. Elle possédait toutes les vertus à un éminent degré.

Son amour pour Dieu lui eut fait entreprendre les plus grands sacrifices. Au chœur on eut dit : c'est un ange, toujours la première arrivée, même dans ces derniers temps, malgré les efforts souvent réitérés que je faisais pour me rendre au saint office au premier coup du réveil, je ne pouvais jamais la devancer, ou bien rarement. Comme j'avais le bonheur de reposer près d'elle au dortoir, j'étais à même de l'entendre prier chaque fois que je me trouvais éveillée. Je regardais comme une bénédiction pour moi de me trouver pendant la nuit à côté d'une si sainte âme. J'étais en assurance.

Ses intervalles étaient toujours passés devant le Saint-Sacrement, elle était là à genoux, sans nul appui la plupart du temps et sans bouger, comme absorbée en Dieu. Je ne lui ai jamais vu manquer une seule communion, même en temps de maladie. Comme elle avait de la peine à se rendre au chœur, elle prenait ses avances et cependant elle arrivait toujours avant le saint sacrifice. Dans les derniers temps, un jour qu'elle s'y rendait comme de coutume, elle se mit à vomir le sang, mais sitôt qu'il cessa de couler, elle se rendit à la messe et elle y assista à genoux tout le temps. Malgré ses infirmités elle se rendait toujours au chœur pour dire son office et cela jusqu'à la fin de sa vie.

Sa grande dévotion était l'observance de la règle ; avant tout elle était fidèle aux plus petites prescriptions, car il n'y avait rien de petit pour elle, toujours elle a été une règle vivante.

L'humilité est la vertu qu'elle possédait au plus haut degré, elle se regardait toujours comme la dernière de la maison, il lui semblait qu'on en faisait toujours trop pour elle, pour le plus petit service qu'on se faisait un honneur de lui rendre elle se confondait en remerciements, la plus petite infraction était aussitôt suivie de l'accusation, ne se ménageant jamais dans les termes qu'elle employait ; en sorte, qu'à l'entendre, on l'eût crue bien coupable si on ne l'eût connue.

Au sujet de la pénitence, on aurait pu penser qu'elle la poussait à l'excès, si le bon Dieu, qui a des desseins particuliers sur chaque âme, ne lui eût suggéré cette pratique de la mortification à laquelle elle se livrait. Ce qui prouve que cette vertu qu'on remarquait en elle venait de Dieu, c'est que, lorsque l'obéissance lui enjoignait de se modérer, elle le faisait. Il y aurait beaucoup de choses à dire sur sa patience, sa douceur surtout. On voyait sur son visage comme un reflet de sa belle âme : jamais aucune altération dans ses traits, elle était toujours la même. Je peux dire qu'elle m'a fait un bien immense ; rien qu'à la voir on se trouvait porté vers le bon Dieu. Cependant, quoi qu'on puisse dire, on sera toujours au-dessous de ce qu'il en était réellement ; car le ciel a été le fidèle témoin des vertus sublimes qu'elle a pratiquées. C'est à elle qu'on pouvait adresser ces belles paroles : que la beauté de la fille du roi de gloire est dans son intérieur.

4ᵉ Notice

Toutes nos sœurs sont bien plus capables que moi de donner des notes sur ma mère Antoinette... Je suis du même pays qu'elle. Mais c'est en arrivant ici, il y a seize ans, que j'ai appris à la connaître et que je l'ai aimée plus tard comme une mère à cause de ses vertus.

Voici ce qui m'a le plus édifié dans la conduite de cette bonne mère, c'est de ne l'avoir jamais entendue manquer à la charité. Cette reine des vertus était accompagnée chez elle de toutes ses filles, humilité, mortification, esprit de prière et d'union à Dieu qui lui faisait passer tant de temps à genoux. Tous les ans, après la messe de minuit, pendant que la communauté allait se reposer, elle restait pour faire le chemin de la croix ou prosternée au chœur, jusqu'à trois heures de suite, toujours à genoux, et cependant elle avait souvent les jambes enflées. Je me rappelle, à cette occasion, que notre défunte et révérende mère Élisabeth l'envoyait se coucher le soir pendant les complies; elle allait faire ensuite sa visite dans le dortoir et voir ce qu'elle faisait, elle la trouvait à genoux près de sa couche. On lui disait qu'elle ne devait pas rester ainsi à genoux et prier près de son lit, mais se mettre dessus et se reposer. Le jour suivant, même commandement, et, cette fois-ci, on la trouvait sur sa couche, mais encore à genoux, on la reprenait d'agir ainsi, elle demandait une pénitence et se couchait.

Pour ce qui concerne l'humilité, la révérende mère Élisabeth, première supérieure de ce monastère disait : mère Antoinette a l'humilité et la douceur de saint François de Sales.

Son amour pour la règle était si grand que le père Athanase, directeur de la communauté, était édifié de ce qu'elle ne lui avait jamais demandé une communion de plus que celles qui sont prescrites.

J'ai encore remarqué qu'elle pratiquait la vertu, non par tempérament, mais par esprit de piété.

Dans les peines inséparables des différents emplois qui lui étaient confiés, jamais d'autre consolateur que le Dieu du tabernacle, c'est là qu'elle puisait sa force, sa consolation et cette charité qui lui faisait excuser les actions ou du moins l'intention, elle trouvait toujours un bon côté.

On ne peut non plus oublier son amour pour la pauvreté et la propreté.

Toutes les vertus de cette bonne mère ne sont bien connues que de Dieu.

Son corps était usé par la pénitence et elle disait encore sur son lit de mort, je n'ai rien fait pour le bon Dieu. Dans ses indispositions il me fallait user de ruse pour lui faire prendre quelque chose qui put la soulager.

Elle a aussi bien fait voir que la vertu ne rompt point les liens de la nature. Quelle affection n'avait-elle pas pour sa famille !

5e Notice

Ce qui m'a toujours le plus édifié dans ma mère Antoinette, c'est sa fidélité qui ne se démentit jamais pour l'observance religieuse et sa conduite parfaitement égale. Souvent encore j'y pense, et cela m'encourage, parce que tout en elle fut si simple, si uni, que sa grande vertu même ne se faisait pas remarquer au premier abord, car elle était humble, sans affecter l'humilité. Pour sa mortification elle est assez connue. Je veux citer seulement une chose qu'elle me dit elle-même dans une de mes conférences, lorsqu'elle était supérieure : je voyageais, me dit-elle, avec la mère abbesse de Laval, nous passions par Mayenne, la mère abbesse me dit : Voulez-vous que nous allions voir votre frère et embrasser ses petits enfants? Je dis, oh ! non, ma révérende mère, passons outre. Et moi toute étonnée je lui dis : comment vous ne voulûtes pas aller voir votre frère? Non, ma sœur, me répondit-elle, Dieu demandait ce sacrifice de moi, (c'était en effet un grand sacrifice qu'elle s'imposait, elle qui aimait tant sa famille, mais elle faisait ce sacrifice, n'en doutons point, pour le salut de l'âme de son frère ; elle savait que la privation vaut mieux que la jouissance.)

6ᵉ *Notice*

J'ai eu le bonheur d'être reçue dans la maison du Seigneur et revêtue du saint Habit de la religion par la vénérable mère Antoinette, vers la fin de son triennal de prieure; c'était la connaître trop tard pour la perdre sitôt. Je n'ai pu, dans un si court espace de temps, apprécier son mérite et sa vertu. Amie du silence régulier et de la retraite, quelle extrême violence il fallait lui faire pour l'engager à accompagner au parloir ! combien les paroles qui sortaient de sa bouche étaient rares, et quelle attention à demander si la durée du temps prescrit par la règle n'était pas écoulée ?

Quand on approchait de sa personne, son air doux et affable, le sourire qu'on remarquait sur ses lèvres prévenaient en sa faveur, on n'éprouvait point en sa présence cet embarras, ces difficultés qu'on peut ressentir quelquefois, en entrant en religion; on s'adressait à elle avec confiance et en lui ouvrant son cœur, on était à son aise et soulagée si on avait eu quelque peine.

Mais, c'est principalement son exactitude à l'office divin et la promptitude à se rendre à la prière qui étaient admirables, il était impossible d'arriver au chœur en même temps qu'elle, elle ne se dispensait jamais des observances communes; à deux heures du matin elle assistait à matines et passait un temps considérable toujours à genoux, n'ayant pour ainsi dire plus de corps.

Combien sa foi était grande, et comme elle l'augmentait dans l'âme de toutes celles qui la considéraient et lui parlaient! Elle disait qu'on n'apprécierait jamais qu'au ciel combien c'est une grande grâce d'être sortie du monde et d'avoir été appelée à la vocation religieuse. C'est ce qui excitait ma confiance et m'encourageait à persévérer dans une vocation si divine.

Enfin je n'ai vu, dans toute la conduite d'une mère si digne et si regrettée, qu'un modèle d'une règle vivante et qui est un des plus doux et plus précieux souvenirs de mon début dans la sainte profession religieuse que j'ai embrassée sous de si heureux auspices; c'est ce qui me donne aussi l'ardent désir de marcher sur les traces qu'elle nous a laissées, un grand amour pour ma sainte vocation, avec la ferme confiance de persévérer comme elle l'a fait jusqu'à la fin.

Je suis une pauvre enfant, indigne d'être ainsi en société d'âmes religieuses si ferventes et si élevées par leur saint état et qu'on ne peut connaître parfaitement parce que toute leur vie est cachée avec Jésus-Christ en Dieu.

7e *Notice*

La Révérende mère Antoinette m'a édifiée, depuis le premier jour de mon entrée en religion, jusqu'au jour de sa bienheureuse mort. Je ne la connaissais pas et j'ignorais son nom, mais son air angélique me la fit connaître aussitôt.

et plus tard, dans mes peines, si j'avais des inquiétudes, je la regardais et j'éprouvais du soulagement; sans parler, son silence semblait dire : aimez Dieu seul et priez et vous n'aurez point d'inquiétude.

La mère Antoinette possédait toutes les vertus au plus haut degré, mais son humilité a trouvé le moyen de les dissimuler, elle a mené une vie toute cachée en Dieu, la prière faisait ses délices, dans les intervalles libres, lorsqu'elle était sans emploi, je l'ai trouvée devant le très-saint Sacrement dans une posture plus angélique qu'humaine, je l'ai vue rester au chœur, les dimanches et les fêtes, pendant plusieurs heures de suite et toujours à genoux, malgré ses infirmités.

Sa mortification fut extrême et continuelle, elle a duré toute sa vie, jusqu'à son dernier soupir, mais son humilité était sa vertu dominante et qui cachait toutes les autres. Elle disait toujours qu'elle ne faisait, qu'elle ne souffrait rien, mais moi je crois pouvoir dire, qu'elle a aimé Dieu de tout son cœur et que sa charité pour le prochain a été parfaite, aussi est-elle morte comme un ange, si toutefois les esprits bienheux pouvaient mourir.

8ᵉ Notice.

Tout pour Jésus !

Le bon Dieu nous a enlevé notre bonne mère Antoinette sans doute pour la faire jouir dans la céleste patrie des récompenses que sa fidélité à pratiquer toutes les vertus lui ont fait mériter. Oui, elle était une de ces âmes fidèles et cachées qui ne veulent être connues que de Dieu seul et il est à souhaiter que les saints exemples qu'elle nous a laissés soient retracés pour nous servir de modèles.

Elle avait la modestie et la piété d'un ange et l'esprit de prière : je crois que c'était plutôt cet esprit de prière et d'union avec le bon Dieu qui la soutenait pendant les longs jeûnes qu'elle observait, que le peu de nourriture qu'elle prenait. Je me permets de le dire, la prière était chez cette bonne mère comme une passion qui ne lui laissait pas même le repos de la nuit, je me suis trouvée à côté d'elle continuellement et je l'entendais prier, c'était pour elle une nuit délicieuse, aussi, quand j'allais quelquefois lui faire part de mes peines, priez, me disait-elle et Dieu viendra à votre aide et vous consolera.

Elle était bien infirme, et cependant elle observait toutes ses régularités qu'elle a soutenues avec tant d'édification, jusqu'à la fin de sa vie. La charité de cette bonne mère, semblait être une de ses vertus favorites, ainsi que le silence qu'elle observait si fidèlement : je doute si jamais elle a fait un seul signe inutile.

Que dire de son humilité ? sinon qu'elle imitait parfaitement la violette qui, quoique petite, demeure cachée sous sa feuille, afin de conserver sa fraicheur et ses bonnes odeurs.

Sa pauvreté, son détachement me paraissaient parfaits chez elle, ainsi que son obéissance; la douceur et la paix paraissaient toujours briller sur sa figure, aussi était-elle toujours la même, dans la prospérité comme dans la privation, dans la santé et dans la souffrance; sa prudence ressemblait à celle de saint Louis de Gonzague, qui se faisait presque toujours attendre dans ses réponses.

L'abandon à la divine providence semblait être le sujet continuel des pieuses méditations de cette bonne mère qui a mené, comme nous le voyons, une vie si édifiante au milieu de ses chères filles qui l'ont sincèrement regrettée. Mais la pensée que nous avons une protectrice de plus dans le ciel semble nous consoler et nous dire qu'un jour nous aurons encore le bonheur de nous voir et de chanter toutes ensemble un éternel *Alleluia!*

9ᵉ Notice

N'ayant connu ma mère Marie-Antoinette que dans les dernières années de sa vie, je ne puis entrer dans un long détail sur ses éminentes vertus. Je les ai considérées bien des fois avec une profonde admiration, on voyait que son âme n'était plus sur la terre, sa vie était une oraison continuelle qui l'unissait intimement à son céleste époux, aussi me disait-elle un jour que son bonheur était si grand qu'elle ne le connaissait pas. Dans la seconde et dernière conférence qu'elle me donna, je lui disais que j'avais bien offensé le bon Dieu. Elle me dit : et moi, ma sœur, j'avais tant de vanité pour les meubles dans le monde! Elle en gémissait comme d'une grande faute. Oh! non, je n'ai jamais aperçu en elle la moindre imperfection !

J'espère bien conserver le souvenir de la sainte édification qu'elle nous a donnée, surtout de sa profonde humilité. Je n'oublierai jamais le jour où elle a reçu les derniers sacrements, qui était l'avant-veille de sa mort; placée au milieu du chœur et de toute la Communauté, elle a demandé pardon, avec des sentiments de la plus vive componction, de toute la peine qu'elle avait faite à ses sœurs, surtout par son orgueil.

10ᵉ et dernière Notice

Un bon nombre de nos sœurs sont venues me dire qu'elles ne donnaient pas de notes sur la mère Antoinette parce qu'elles ne pourraient que répéter ce qui est sur la première feuille, ou plutôt sur la seconde notice.

Une d'elle vient de me dire : j'ai jugé que ma mère Antoinette avait l'âme bien pure, puisqu'elle ne pouvait voir de taches à ses habits religieux, et en effet, elle avait compris la maxime de notre père saint Bernard, « la « pauvreté toujours, la malpropreté jamais. »

Une ancienne sœur a dit : j'ai toujours vu ma mère depuis plus de trente ans que je suis en religion, c'est une âme que Dieu seul connaissait, je crois qu'elle a obtenu la conversion d'un grand nombre de pécheurs, elle priait aussi beaucoup pour les âmes du purgatoire.

Une de nos jeunes sœurs a donné les détails suivants : j'ai passé un carême à l'infirmerie avec ma mère Antoinette, il me faudrait un volume si je voulais rapporter tous les actes de vertu que je lui ai vu pratiquer. Je me borne à ce peu de mots : C'était une âme qui ne vivait et ne respirait que pour le bon Dieu, elle le voyait en tout et tout lui servait pour s'élever vers lui, son cœur était comme collé au saint Tabernacle, elle ne pouvait le quitter sans se faire violence; les dimanches et fêtes elle passait toute la journée devant le Très-Saint-Sacrement et toujours à genoux; le matin, lorsqu'elle se levait, il fallait qu'elle fît plusieurs pauses avant d'arriver à la tribune, tant elle était faible et oppressée, cependant une fois entrée elle ne s'asseyait pas.

Lorsque cette bonne mère était sous-prieure, je l'ai vue se mettre à genoux pour demander pardon à une novice avec une humilité admirable. Son amour pour le silence était tel que, quand ma révérende mère entrait à l'infirmerie pour la voir, elle se contentait de répondre par signes.

Je l'ai vue prier des temps considérables les bras en croix.

Enfin une autre sœur a donné la notice suivante qui est la dernière. Comme je reposais, dit-elle, près de notre mère Antoinette, le silence de la nuit me permettait de l'entendre, et je ne pourrais dire toutes les prières qu'elle faisait. Elle restait longtemps à genoux, avant de se mettre sur sa paillasse et le matin elle se levait une demi-heure ou davantage avant le réveil. Sa vie s'est toute écoulée aux pieds du Saint-Sacrement, son plus grand bonheur était de s'unir à la divine victime.

Combien d'offrandes et de pénitences n'a-t-elle pas faites pour obtenir la conversion des pauvres pécheurs! son cœur, en priant pour eux, était touché de compassion. Combien d'amendes honorables n'a-t-elle pas faites également pour réparer les sacrilèges qui se commettent et qui percent de douleur le cœur du divin Maître présent dans le Sacrement de son amour !

Enfin sa mortification était universelle, elle portait au plus haut degré l'esprit de pauvreté et la charité. Je ne sais pas au reste quelle vertu pouvait lui manquer, mais surtout son amour pour la vie cachée, l'abjection et l'humilité étaient ses vertus favorites.

Je ne puis dire toute la vénération que j'éprouve pour cette défunte mère dont le souvenir est toujours vivant, et je désire vivement que cette lampe si longtemps cachée illumine tout le monde!!!

Voilà des témoignages bien précieux et qui sont tous uniformes, ils s'accordent à dire que la mère Marie-Antoinette, par l'éclat de sa sainteté qui ne s'est jamais démentie, a brillé dans son monastère comme un flambeau ardent, semblable à ces vierges sages, dont parle notre Seigneur, qui tiennent toujours leurs lampes allumées et entretenues par l'huile des bonnes œuvres et le feu de la charité.

Mais c'est la mère Antoinette que nous allons maintenant entendre, ce sont les lettres écrites de sa main et envoyées par elle à M. son frère et à son ancien directeur que nous allons lire. On dit ordinairement qu'une personne vertueuse, amie de la piété, se peint dans ses écrits.

Quand on aime Dieu on parle de l'objet qu'on aime, et tous les discours mondains et frivoles sont insipides. Nous allons voir ici l'amour que cette sainte âme dont nous parlons avait pour Jésus-Christ qu'elle avait choisi pour son divin époux; et puis elle fait toujours éclater sa vertu chérie, « elle n'était rien, ne pouvait rien faire de bien, etc. »

Voici d'abord les lettres qui ont été adressées par Sœur Marie-Antoinette à son ancien Directeur, actuellement missionnaire à Notre-Dame-du-Chêne, diocèse du Mans. Nous en citons seulement quelques-unes que nous avons heureusement conservées.

PREMIÈRE LETTRE

La sainte Volonté de Dieu !

Monsieur,

Dieu soit mille fois béni que je puisse, avec permission, m'entretenir quelques instants avec vous. Quel bonheur !
Votre souvenir ranime ma langueur. Je suis glacée au milieu du feu; chose étrange cependant, je ne sais pas pas d'où cela procède. Je suis paisible également et me trouve la plus fortunée d'ici-bas. Ah ! si le Seigneur, dans son infinie bonté, me faisait la grâce d'entrer si avant dans son sacré Cœur, que toutes mes misères et moi-même fussent consumées par les ardeurs de son divin Amour, que je m'estimerais heureuse ! Je vous supplie par tout le zèle dont vous êtes embrasé pour la plus grande gloire de notre bon Maître, de solliciter cette grâce pour moi; dans ce beau mois consacré à l'auguste Marie, notre tendre Mère, demandez l'humilité, l'esprit de recueillement et d'union avec Dieu; pour moi, je suis dans le dénûment de toutes les vertus dont j'ai le plus grand besoin : de nouvelles

grâces s'offrent, ne seront-elles pas inutiles, comme celles que je reçois journellement? J'ai ressenti une joie bien douce à l'annonce du Jubilé, mais de peu de durée, connaissant combien l'on est insensible aux bienfaits sans nombre que Dieu ne cesse d'accorder. Que votre cœur en est touché! Oh! vous allez faire une sainte violence au ciel pour la conversion des pécheurs endurcis. Puisse notre bon Sauveur leur être propice à tous, exaucer vos ardentes supplications, et répandre ses abondantes bénédictions sur vous et vos travaux! Que je désirerais pouvoir contribuer à quelque chose, étant si redevable à la divine miséricorde; mais hélas! mes prières ne sont peut-être propres qu'à irriter la colère du Très-Haut; je ne cesse pas de les offrir, quelque indigne que je sois.

Ma Révérende Mère Abbesse vous remercie beaucoup de l'offre obligeante que vous lui faites. Elle l'accepte volontiers; elle n'aurait pas osé vous en prier. Si vous voulez avoir la bonté de demander la procuration à M. le Curé de Sublains. Pardon de la peine que l'on vous donne; Notre-Seigneur vous rendra le centuple.

Daignez me croire toujours, avec la plus vive reconnaissance et le plus profond respect, en l'union des divins Cœurs de Jésus et de Marie.

Votre soumise et obéissante servante.

Sr MARIE-ANTOINETTE.

Abbaye de Sainte-Catherine, le 2 mai 1833.

P.-S. — Ne m'oubliez pas, je vous prie, auprès de M. le Curé votre oncle; offrez-lui mes profonds respects, ainsi qu'à votre sainte famille. Si vous avez occasion de voir mes parents, je vous serai obligée de leur dire un petit mot. Je réclame vos prières, surtout le 26 juin, anniversaire de ma profession.

DEUXIÈME LETTRE AU MÊME

J.-M.-J. Tout pour Dieu !

(On voit ici comme la bonne religieuse s'accuse en croyant les autres bien meilleurs qu'elle.)

Mon Très-Révérend Père,

Je suis impardonnable de n'avoir pas encore répondu une seule fois à vos précieux souvenirs. J'ose cependant croire que vous voudrez bien m'excuser : je l'attends de votre ardente charité. Bien des fois j'ai eu le désir de vous écrire, je craignais de vous interrompre ; sachant que vous êtes presque toujours en mission, j'ai hésité. Je suis confuse de ce que vous daignez penser à moi et me croyez différente de ce que je suis en réalité. J'avance en âge sans avoir commencé la pratique de la vertu. Hélas ! si vous connaissiez le dénûment de mon intérieur, je végète et marche à pas de tortue, et vous courez, volez dans la voie du saint Amour, vous amassez, accumulez mérites sur mérites. Quelle gloire vous procurez à Dieu : le salut, la perfection de tant d'âmes ! Que de veilles, de travaux, de voyages ! Enfin, vous vous sacrifiez depuis bien des années ; le Dieu infiniment bon que vous servez avec tant de générosité comblera la mesure de ses récompenses abondamment. Ah ! que je suis éloignée de croire ce que votre humilité vous cache. Oh ! votre amour pour Dieu, votre dévouement ne connaît point de borne, tellement vous êtes embrasé du feu sacré ; s'il en volait une étincelle dans mon pauvre cœur froid comme la glace ! Aujourd'hui, fête de l'amante sainte Thérèse, dans l'action de grâces, pas un sentiment, une pensée, sans pouvoir produire une affection, comme un morceau de bois : voilà ma ferveur. Vous me rappelez les jours de votre vicariat à Courcité. Le bon Dieu me donnait le lait de l'enfance pour me détacher des vanités et m'attacher à lui. Que de grâces reçues en vain! Je ne sais plus ce que je fais, même dans l'oraison. Je crains de perdre le temps. Autrefois c'était mes délices ; j'ai sans doute mis obstacle aux grâces. Je m'estime heureuse que vous daigniez penser à moi au saint Autel. Je me dis souvent : « Que deviendrai-je si on n'intercédait pas en ma faveur ? » Je vous en supplie, redoublez vos instantes supplications auprès de notre divin Maître, j'ai l'intime confiance qu'il vous exaucera. Vous ne pouvez rien attendre de mes prières faites avec tant de lâcheté, de distractions. Je ne cesse pas cependant. Que je vous dois de reconnaissance pour tous les charitables soins que vous avez prodigués à mon âme! Après Dieu, c'est à vous, très-cher Père, que je suis redevable de mon changement. Que notre bon Sauveur soit le riche supplément de mon impuissance pour vous prouver ma gratitude! J'ai fait les deux neuvaines, m'unissant à vous d'intention. Vous ignorez peut-être que je n'ai plus aucun emploi. On connaît heureusement mon incapacité, je ne puis parler qu'à mes supérieures, les simples religieuses ne peuvent avoir de rapports ensemble. J'en rends mille fois grâce à Dieu, étant si prompte à m'émanciper. Ne pouvant édifier, gardant le silence, je suis moins exposée à nuire. Je vois les jeunes postulantes dont vous parlez dans votre lettre : elles sont d'une modestie exemplaire, très-édifiantes ; je crois, ce me semble avec certitude, qu'elles seront admises sous peu à la prise d'habit. Malgré mes misères spirituelles, je ne laisse pas de goûter les inappréciables avantages que nous offre notre saint état, surtout ici, où nous jouissons de la plus grande tranquillité. Demandez bien pour moi l'esprit de recueillement. Hélas! je pense à la mort d'une manière infructueuse. Je suis sur la soixante-sixième année. Bien des jeunes professes passent avant moi. Notre aumônier est décédé d'un vomissement de sang ; nous l'avons bien regretté. Il a été bien remplacé : un père très-zélé, très-intérieur. Que de moyens de sanctification ! quel compte à rendre au dernier jour ! Je ne puis vous exprimer combien je suis reconnaissante du secours de vos saintes prières. veuillez bien me continuer cette charité. Je la réclame aussi en faveur de mon pauvre frère Gabriel ; je lui ai écrit il y a quelque temps ; je lui parlai encore de la confession; pas un mot de réponse. Que je suis peinée. La communion générale se fit le jour de la fête des saints Anges Gardiens, à l'intention du souverain Pontife. Notre sort est entre les mains de Dieu : qu'il en dispose pour sa plus grande gloire ! Je ressens une bien douce satisfaction que mon frère soit peu éloigné de vous. Je vous en prie, ne me donnez point d'autre nom que celui de Sœur, trop honorée. Ma Révérende Mère vous offre son respect très-profond et se recommande à vos saintes prières. Ne m'oubliez pas ; si vous voyez mon frère, qu'il prie aussi pour moi.

Agréez l'hommage respectueux de votre très-humble servante en Notre-Seigneur.

Sr Marie-Antoinette.

La Cour-Petral, le 15 octobre 1860.

TROISIÈME LETTRE AU MÊME

J.-M.-J. Grâces soient rendues à Dieu !

Mon Très-Révérend Père,

Je ne puis qu'admirer la divine Providence qui dirige tout avec tant de prudence et de bonté. La méprise du médecin a sans doute entré dans ses vues, ainsi que les quelques mots mis dans la lettre pour mon frère, presque sans réflexion. Je ne pouvais croire être en danger de mort, n'étant point malade, ayant seulement les jambes enflées, excepté la semaine de la Passion et la suivante. On m'a retenue à l'infirmerie pour me reposer quelque temps, sans aller à l'office. Mais il y a je ne sais combien que j'assiste à tous les exercices. Je ne vais au chœur qu'à trois heures du matin et suis aux aliments gras jusqu'à la semaine prochaine ; c'est pour prévenir le mal à venir. Je suis toujours traitée avec trop de ménagement dans un état pénitent : j'en suis confuse. Dieu soit mille fois béni ! cela m'a procuré la satisfaction inexprimable de votre précieux souvenir et touchante lettre. Comment vous prouver ma reconnaissance, étant impuissante pour tout bien ? Ah ! je puis dire : « Que rendrai-je au Seigneur pour tout ce qu'il a fait en ma faveur ? » En vous donnant à moi pour guide à l'époque où j'étais éprise des vanités, il se servit de votre ministère pour m'éclairer et me faire entrer dans la voie du salut : Que le ciel et la terre l'en remercient ! Hélas ! j'ai toujours à me reprocher de ne pas profiter des nombreux avantages que m'offre notre saint état, cette profonde solitude où l'on jouit de la paix qui facilite le recueillement et l'union avec le bon Dieu. Je ne sais point apprécier ses faveurs ; j'ai un esprit si dissipé, presque toujours distraite dans les moments les plus précieux, lorsque je vais à la sainte table même. Votre charité vous fait supposer ce que je devrais être et ce que je ne suis pas. Souvent je me dis que je suis heureuse. Oh ! mon Dieu, que vous me donnez d'intercesseurs auprès de vous qui implorent votre secours ! Sans cela que deviendrai-je ?... Je ne fais rien pour vous, très-cher Père ; vous amassez, vous thésaurisez pour le ciel ; que de fatigues, de voyages, de travail d'esprit, d'âmes gagnées pour la vie future et ravies au serpent infernal ! Vous êtes porté sur les ailes de l'amour, votre cœur est une fournaise d'où jaillissent continuellement les étincelles du feu sacré. Ah ! je me réjouis de la gloire et de la brillante couronne qui vous attendent. Mille remercîments de vos belles proses qui ont bien fait plaisir.

Oh ! que nous nous estimerions heureuses de vous voir! Ma Révérende Mère le désire beaucoup, moi aussi, je vous assure. Le trajet est bien long ; s'il y avait quelques conquêtes, quelques âmes à faire revenir à Dieu, je vous engagerais encore davantage. Que je vous suis obligée d'avoir parlé à mon frère Gabriel ! Il faut, ce me semble, un miracle pour le faire revenir, je crois qu'il doit souffrir d'un si long retard. Pauvre frère !.. je vous supplie de prier pour lui, la Miséricorde de Dieu est infinie. Si vous aviez occasion de voir mon frère de Fontenay, dites-lui, s'il vous plaît, que je le remercie de sa charité si compatissante, que j'ai été bien mortifiée de ne pouvoir lui répondre, je lui ai écrit deux fois, nos constitutions ne nous permettent pas davantage chaque année. Je suis fâchée de la peine que je lui ai causée. Quoi ! vous êtes si bon que d'offrir le saint sacrifice à mon intention. Je ne puis rien qui égale cette grâce autre que la communion ; vous avez part à mon indigence et moi à votre abondance. J'ose vous demander un *memento* particulier le vingt-sixième jour de ce mois, anniversaire de ma profession ; je pense aussi à vous le 10 août et le 27 janvier, d'une manière particulière. Je crains que la mort me trouve dépourvue ; j'y pense, sans rien faire pour m'y préparer. J'ai besoin de détachement de mes satisfactions, de recueillement, d'humilité, de renoncement ; je ne pense presque pas au ciel ; toujours sur la terre : quelle pitié !

J'ai encore votre lettre du 21 mai 1828 ; je la donnai à la Maîtresse des Novices, qui s'en servit hier pour leur conférence. Voici un emblème qui vous convient ; c'est une postulante qui me l'a donné. Veuillez accorder un souvenir à la Maîtresse des Novices qui le réclame, à ses Sœurs et à toute la Communauté.

Agréez, je vous prie, l'hommage respectueux de ma reconnaissance et mon sincère attachement en l'union des sacrés Cœurs de Jésus et Marie.

Votre servante,
Sr MARIE-ANTOINETTE.

Ma Révérende Mère vous offre son respect très-profond et se recommande à vos saintes prières et toute la Communauté.

La Cour-Petral, le 13 juin 1864.

QUATRIÈME LETTRE AU MÊME

J.-M.-J. La Cour-Pétral, le 6 Décembre 1866.

Mon Très-Révérend Père,

J'ai reçu votre lettre avec la plus vive satisfaction, et je regrette d'avoir tant tardé à vous répondre, je vous demande pardon de ce long délai, mes heures s'écoulent avec la précipitation de l'éclair, et je me trouve au soir de mes journées tout étonnée de la rapidité du temps qui m'enlève, dans sa course, la facilité de satisfaire bien des désirs, et même quelques devoirs. Je viens donc vous prier de m'excuser, sachant déjà que votre charité l'a fait sans doute. Combien je vous suis reconnaissante de votre bon souvenir, surtout au saint autel ! Vous avez deviné que plus que jamais je compte sur votre secours auprès de Dieu pour m'obtenir les nombreuses grâces dont j'ai besoin.

Notre-Seigneur a bien voulu vous accorder l'effet de vos demandes, car mon cœur tout d'abord peu dilaté se trouve aujourd'hui, grâce à vos prières, dans la liberté et la tranquillité. Veuillez donc continuer pour la gloire de celui que vous aimez si ardemment, et demandez lui qu'il m'embrase de ses divines flammes, qu'il m'accorde le pouvoir de verser sur les autres de l'abondance qu'il m'aura communiquée pour le faire aimer et servir en esprit et en vérité. Vous ignorez comme mon cœur est froid et dénué de toutes vertus, j'aurais plus besoin d'obéir que de commander.

Je serais heureuse de recevoir votre visite, je n'ose cependant pas insister sur un voyage qui devra vous gêner sans doute et peut-être apporter quelque dérangement pour votre ministère; puis la saison se refroidit. Nous touchons et même nous abordons les mauvais jours, c'est pourquoi je fais le sacrifice de cette satisfaction, pensant que notre bon maître m'accordera, en revanche, par votre intercession une nouvelle bénédiction.

Agréez l'expression de la gratitude et de l'hommage respectueux, avec lequel je suis dans l'union des Sacrés-Cœurs de Jésus, Marie, Joseph.

Votre servante.

S. Marie-Antoinette.

CINQUIÈME LETTRE AU MÊME.

J.-M.-J. La Cour-Pétral, le 21 Janvier 1868.

Mon Très-Révérend Père.

Mille remerciments de toutes vos bontés. Que je serais heureuse de pouvoir vous prouver ma reconnaissance! Je n'ai que des désirs; puisse notre divin maître suppléer à mon impuissance, vous combler de ses dons, de ses faveurs les plus douces, de ses abondantes bénédictions, faire fructifier la divine semence répandue avec tant de zèle, d'ardeur, puis moissonner le fruit de vos travaux et vous reposer de tant de fatigues dans le séjour de la paix, vous accorder les forces nécessaires pour lui faire toujours de nouvelles conquêtes ! Tels sont les vœux que je fais au Seigneur de nos âmes, au commencement de cette année, le priant de vous associer aux chœurs des séraphins, de vous enflammer toujours davantage du feu sacré du divin amour ! Vous amassez des trésors pour le ciel et moi je dissipe.

Hélas ! quand je réfléchis sur ma vie passée, quelle jeunesse ? Je ne respirais, ce semble, que pour satisfaire mes inclinations sensuelles, toutes terrestres. Que de recherche d'amour propre, de vanité ! Que j'ai offensé Dieu ! et été cause qu'il l'a été ! que j'ai nui au prochain. Mais que l'infinie bonté a été surabondante envers moi ! De quels dangers il m'a préservé, dans quels abîmes je me serais précipitée s'il n'avait éloigné les occasions; aidez-moi à l'en remercier, je vous prie. Ces souvenirs devraient m'exciter à l'aimer, à lui rendre des actions de grâces continuelles; je n'y pense pas, froide comme la glace, je ne sais plus ce que c'est que l'oraison, la réception des sacrements, tout cela était des délices autrefois pour moi; je passe par-dessus tout, la mort approche, je n'en suis pas touchée. On me dit d'être tranquille, mais de quelle utilité puis-je être dans un tel emploi? Puis-je porter les autres à la piété ? Tant de secours, de moyens de salut reçus en vain ! Hélas ! Si vous craignez la réprobation que dois-je penser et attendre ?.. Je demande donc que vous priiez pour moi, je suis certaine que vous le faites. Nous allons avoir le grand changement dans peu de temps, je réclame le secours de vos prières à cet effet, afin que la régularité soit maintenue, chose bien importante. Ma mère Ysabelle se recommande à vos prières, depuis près d'un an elle a le côté droit paralisé, elle souffre beaucoup; et puis n'oubliez pas la communauté, et mon cher frère Gabriel.

Daignez agréer l'hommage respectueux de votre humble servante en l'union des Sacrés-Cœurs de Jésus, Marie, Joseph.

Votre toute dévouée.
S. Marie-Antoinette.

SIXIÈME LETTRE AU MÊME

J.-M.-J. La Cour-Pétral, le 2 Août 1861.

Mon Très-Révérend Père.

Dieu soit mille fois béni de me procurer le bonheur de pouvoir me rappeler à votre bon souvenir. Connaissant votre ardente charité qui s'étend pour le soulagement des corps aussi bien que pour celui des âmes, ma R. mère m'a chargée de vous prier de vouloir bien offrir le Saint-Sacrifice de la messe en l'honneur de Notre-Dame du Chêne, à l'intention d'une de nos consœurs, très-bon sujet, propre à rendre bien service à la Communauté, et qui est presque percluse depuis près de deux ans, quoique très-jeune, il faut qu'on la porte, qu'on lui fasse tout; elle souffre beaucoup. S'il était possible, vous voudriez bien nous faire savoir le jour, afin de pouvoir nous unir à vous, quand vos nombreuses occupations pourront vous le permettre. Nous osons attendre cela de votre zèle infatigable.

Nous avons appris que vous aviez été captif. (1) Notre

---

(1) La R. mère fait ici allusion à un fait qui m'arriva en revenant du pèlerinage de Notre-Dame de Lorette. Je fis tomber par accident deux petits bustes qui se brisèrent. Je payai de suite bien plus qu'ils ne valaient, mais comme on croyait que je l'avais fait exprès, on voulait effectivement me retenir captif à l'hôtel où j'étais descendu.

divin maître avait ses vues en cela, comme en toutes choses, la providence veille sur tout et vous a délivré... Dieu était avec vous, et les saints anges pour vous garder...

Ah! je vous en supplie, veuillez faire instance au ciel en faveur de mon pauvre frère Gabriel. Que je suis peinée qu'il ne revienne point, il me semble que c'est en vain que je lui écris. Je suis contente que vous habitiez près de mon frère (curé de Fontenay), je pense que vous êtes presque toujours à évangéliser les paroisses et donner des missions. Que je m'estimerais heureuse que vous daigniez m'accorder part à vos bonnes œuvres. J'y pense souvent, et me dis : sans cela que deviendrai-je ? On m'a reprise je ne sais combien de fois, de ce que je me plains; c'est le propre des indigents d'exposer leurs misères et de demander du secours ; je ne fais rien, je crains d'abuser de tant d'avantages.

Nous jouissons de la plus profonde solitude, et j'ai un esprit presque toujours dissipé, sans aucun recueillement, dans les temps les plus précieux; demandez bien pour moi d'être recueillie. Vous n'avez peut-être pas reçu mon barbouillage il y quelques mois. Je continue les neuvaines, les besoins existent toujours. J'ai encore la première lettre que vous eûtes la bonté de m'envoyer à Laval. Ah! heureuse si j'avais profité du saint avis que vous me donniez. Je la relisais il y a quelques jours : vous m'annonciez ce qui m'est arrivé. Je ne sais plus ce qu'est l'oraison, ni où j'en suis. On me rassure, mais je crains... Ce sont sans doute mes lâchetés et infidélités journalières qui mettent obstacle à la grâce. Tout ce que je désire c'est d'entrer dans les voies de Dieu : son bon plaisir, la mort à moi-même qui ne sais me renoncer en rien. Priez beaucoup pour moi, pour que le bon Dieu nous conserve notre digne supérieure, sa santé est très-altérée. Elle vous offre ses hommages respectueux, et se recommande à vos saintes prières ainsi que toute la communauté.

Veuillez agréer les sentiments respectueux, etc.

Votre très-humble servante,
S. Marie-Antoinette.

Voici maintenant les lettres que la mère Antoinette a adressées à son frère, M. le curé de Fontenay.

PREMIÈRE LETTRE A L'OCCASION DE LA MORT DE M. SON PÈRE.

La Cour-Pétral, 22 avril 1856.

Mon cher et bien aimé frère,

Quelle nouvelle! Je suis bien certaine que votre douleur est grande, ayant eu sous les yeux un tel spectacle ; la mienne n'est pas moindre. J'entendis annoncer la mort hier au chapitre, de sang-froid, ignorant que ce fût notre bon père. Je le demandai en sortant ; ma révérende Mère me dit que c'était lui; j'ajoutai : a-t-il été administré ? Je n'en fus point touchée; étonnée de me trouver ainsi, dans l'après-dîné je pensais à lui demander s'il ne lui était pas arrivé quelque accident, ma révérende Mère me remit votre lettre. Oh ! quel coup ! je ne cesse de me le figurer, je ne puis m'en distraire un instant : pauvre père ! resta-t-il sans connaissance de suite ? Il n'a pu se confesser ni recevoir le Saint-Viatique ! Il avait fait ses Pâques sans doute. Que je suis pénétrée de ce malheur ! Le bon Dieu l'a permis ainsi, nous devons adorer ses desseins.

Il vous traite comme ses amis: vous avez eu, il me semble, dès votre enfance part à la croix. Que de genres d'épreuves depuis cela. Vous aurez une grande part à la récompense. Que faire pour hâter la délivrance de cette âme ? Je me trouve si dénuée, extrêmement dépourvue de tout bien, j'offrirai ce que je pourrai. Quel jour direz-vous la sainte messe? Je désirerais bien le savoir, j'unirai mon intention à la vôtre.

Dans sa dernière lettre du 26 décembre, ce bon père m'écrivait qu'il avait bien des choses à me dire, que ce serait pour une autre fois. Que ma peine est profonde! Ah! mon Dieu, sans la foi que la vie serait amère! Je priais surtout depuis quelque temps pour lui obtenir une bonne mort; ne suis-je pas plutôt propre à détourner les grâces qu'à les attirer. Que de sacrifices il a fait pour moi! ah! si je pouvais lui être utile!.. Toute la communauté prie pour lui. Comme notre famille passe! Mon tour n'est peut-être pas éloigné; je jouis d'une bonne santé, le carême ne m'a pas fatiguée, mais il faut peu de chose pour m'arrêter. J'eusse bien désiré mourir avant vous, mon père! Qu'il m'est douloureux d'y penser! A-t-il cru qu'il était attaqué pour mourir après sa chute? Pardonnez mes redites, je voudrais, téméraire que je suis, sonder les jugements de Dieu......

Oui, mon cher frère, je vous plains, je le ferais encore davantage si le bon Dieu n'était pas glorifié. Vous savez mieux que moi qu'on ne peut lui être agréable qu'autant qu'on a de conformité avec notre divin modèle. Votre vie est bien traversée, tout passe il est vrai, Hélas! vous croyiez jouir un peu et procurer le même bonheur à notre bon père en le faisant venir chez vous, mais Dieu dispose de tout selon qu'il lui plaît. Consolez-vous, cher frère, nous devons voir en tout la volonté du Seigneur, nos âmes lui sont plus chères qu'à nous-mêmes, cet accident devait sans doute arriver. Oh! c'était crucifiant pour vous d'être obligé de tout faire; une seule chose m'importe, qu'il possède le souverain bien..............................

Adieu très-cher et bien-aimé frère, croyez à l'amitié sincère et aux sentiments respectueux de votre toute dévouée.   Sr Marie-Antoinette.

Fragments de quelques autres lettres adressées par Mère Antoinette à M. son frère

Tout pour Dieu et son saint Amour !

Mon bien cher frère,

Je ne savais pourquoi je différais tant à vous écrire. Hélas ! j'ignorais le grand sacrifice que le divin Maître exigeait de nous : la perte de notre Mère Elisabeth, qui nous était si chère. C'est le 30 juin qu'elle a rendu sa belle âme à son Dieu. Depuis plusieurs années elle était souffrante, oppressée, elle me disait : je sens quelque chose qui me monte à la gorge ; je crains d'étouffer ; je ne disais rien, parce que je ne voulais pas lui faire de peine. Mais le 27 juin, je lui dis quelques mots. Elle devait faire sa grande retraite pour la terminer le 4 juillet, afin, me dit-elle, de se préparer à la mort... J'étais éloignée de croire qu'elle en était si proche. Elle tint le chapitre le 28, vint à la messe, communia, le lendemain également. Le jour de son décès, elle assista encore à la sainte messe, dîna, sortit pour sonner ma Mère Sous-Prieure pour lui parler ; à peine dix minutes étaient écoulées depuis qu'elles s'étaient quittées, que l'infirmière, entrant dans sa chambre, notre pauvre Mère n'était plus... Des cris de douleur se firent entendre par toute la maison, ce n'étaient que sanglots ; nous fûmes toutes saisies; je ne puis vous exprimer l'état où je me trouvai, sans pleurer. Sa mort a été subite, mais non imprévue. Ayant les jambes considérablement enflées, pouvant à peine marcher, elle se rendait à l'office, à tous les exercices; c'était une règle vivante; et quelle vertu de patience ! quelle résignation en tout ! — Je n'ai pas besoin de la recommander à vos prières ; je suis certaine qu'elle ne sera pas oubliée. Pensez aussi à nous, priez afin que la régularité soit maintenue, que la paix règne au milieu de nous. Que Dieu soit glorifié et aimé de l'ardeur de tous les cœurs, etc.

AUTRE LETTRE DE LA MÊME AU MÊME

J.-M.J.

Mon très-cher frère,

Notre bon Père Athanase m'avait dit de vous écrire après l'élection. Quoi ! soyez dans l'étonnement : Est-il possible qu'on m'ait élue supérieure, à mon âge, sans science ni aucun talent, l'ignorance même ! Je suis confuse. Jugez de la manière dont je puis parler pour tenir le chapitre, chaque jour, ne sachant rien !

Mes Sœurs me témoignent beaucoup d'affection.

Et me voilà en charge, ayant seulement répondu à M. le Supérieur lorsqu'il me fit connaître le résultat du scrutin: Je sais que Dieu a tout fait de rien ; je suis incapable ! Il m'exhorta, m'encouragea. Mon Révérendissime m'écrit des lettres qui devraient m'anéantir, tant elles sont respectueuses : il est si humble !

Ne dois-je pas craindre de porter préjudice à la gloire de Dieu et au salut des âmes? Je suis vide de tout bien, d'une ignorance sans exemple. Je vais exciter votre compassion. Ah ! priez beaucoup pour moi et recommandez-moi aux prières de tous ces Messieurs. Viendrez-vous nous voir? De quelle joie je serais ravie ! Heureux instants où je pourrai vous ouvrir mon cœur. Ah ! c'est maintenant que je vous supplie de réclamer l'infinie bonté du Sacré-Cœur de Jésus en ma faveur et pour toute la Communauté: priez que je ne sois pas un sujet de chute à mes Sœurs. Demandez que l'Esprit-Saint m'éclaire, m'instruise: je m'abandonne en aveugle, j'ai bien besoin de secours. —Adieu, bien-aimé frère ; recevez l'expression de mon respectueux dévouement et de l'amitié la plus cordiale en l'union des Sacrés-Cœurs de Jésus et de Marie.

Votre soumise sœur,
Sr Marie-Antoinette.

DE LA MÊME AU MÊME

J'attendais votre lettre avec impatience. Pardon du long délai à vous répondre. Je puis vous assurer que le temps me fait défaut . . . .

Je suis bien pour le corps ; pour l'âme, elle est bien défaillante. Je ne fais plus d'oraison. Oh ! mon cher frère, quelle charge ! Je n'éprouve pas de désagréments ; on me témoigne de l'affection, de la bonté, mais il faudrait de la pâture au troupeau. . . . .

Que puis-je vous souhaiter ? Ah ! que Dieu fasse surabonder ses grâces, pleuvoir sur vous et sur les âmes confiées à votre conduite les célestes rosées du Ciel, qu'elles fassent fructifier la bonne semence, les forces nécessaires, une parfaite résignation et un entier abandon à la Providence.

Je ne puis vous exprimer ce que mon cœur ressent d'affection pour vous : le désir ardent de votre bonheur, que vous arriviez au comble de la perfection et que vous soyez admis, au sortir de cette vie, à la possession du souverain bien. Quelle douce attente !... Et je n'y pense pas, je vis comme si je ne devais pas mourir : Ayez pitié de moi !

DE LA MÊME AU MÊME

Très-cher et bien-aimé frère,

Le plus grand sacrifice que le bon Dieu puisse exiger de

moi, c'est de vous appeler le premier; il ne me restera plus rien ici-bas. Son adorable volonté se fasse ! Vous intercéderez pour moi ; il me reste peut-être bien peu de temps ; je suis en quelque sorte paralysée, je ne puis me donner de mouvement sans être oppressée, je souffle comme si j'étais à l'agonie ; je dors et mange très-peu ; les forces me manquent, l'on me sert et m'assiste en tout. Je vais au chœur tout doucement pour communier. On me soigne trop bien.

Priez le bon Dieu de toucher mon cœur insensible et de me préparer lui-même à ce dernier passage. Je ne puis me figurer que vous me laissiez, mon cœur serait déchiré . .

. . . .

AUTRE EXTRAIT D'UNE LETTRE DE LA MÊME AU MÊME

Très-cher et bien-aimé frère,

Je ne sais comment répondre à toutes les suppositions que vous faites au sujet de ma pauvre personne, la charité vous fait croire que je suis ce que je devrais être, et je suis bien plus propre à arrêter le cours des grâces qu'à les attirer.— Je vous supplie de cesser tous vos compliments : soyez bien certain que je suis éloignée de la pratique de la plus petite vertu. Je pense à la mort, mais d'une manière vague, sans changement dans ma conduite ; je dois craindre d'être surprise. — On est aux petits soins pour moi ; je ne rentrerai pas dans le détail, (je vous en ai parlé), de tout ce que l'on fait pour moi, j'en suis confuse ; ma Révérende Mère surabonde de charité, etc... Je crains la mort; si j'aimais le bon Dieu, je la désirerais ; il a tant fait pour moi ! Prévenue de tant de grâces, hélas ! sans aucun retour de reconnaissance... Je vous remercie de votre tendre affection : la bonté de votre cœur vous dicte ces expressions si sensibles à mon égard. Dieu seul connaît ce qu'il y a dans le mien pour vous.

Allons, le beau temps va nous remettre, espérons ; le soleil fait sentir ses influences salutaires, il nous réchauffera. Soyons tous à Jésus, à Marie, à Joseph. Adieu, pas pour la dernière fois ; Dieu sait tout : Abandon...

Votre sœur qui vous révère et vous aime en Notre-Seigneur,

Sr Marie-Antoinette.

DE LA MÊME AU MÊME

Mon bien cher et tendrement aimé frère,

Comment êtes-vous ? Ah ! que je pense à vous ! Combien vous devez vous fatiguer pour remplir les devoirs du saint Ministère. Il me semble que vous ne prenez point soin de votre santé. Vous êtes utile à vos paroissiens, et pour procurer la gloire de Dieu en exhortant à la patience et à la résignation dans tout ce qui arrive . . . .

Priez pour moi ; je me relâche lorsque je devrais m'exciter à la ferveur, bien différente de vous qui avez pratiqué la mortification dès votre enfance. Je cherchais alors à vous faire rompre vos jeûnes, sans désirer vous imiter. Je me rappelle ce temps : que je vous ai fait souffrir ! Vous avez travaillé pour acquérir la couronne immortelle, bien des combats... Mais la douce confiance du repos qui vous attend adoucit les amertumes de cette misérable vie, vous encourage à tout surmonter. Je prie Dieu de tout mon cœur de vous combler de ses grâces les plus abondantes. Vous êtes dans l'erreur à mon sujet, ce qui peut m'être préjudiciable. Je suis plus sèche, plus aride que la terre de nos jardins ; je ne suis bonne à rien.

Je m'étends toujours trop quand je parle de moi ; cependant je ne puis vous exprimer ce que mon cœur renferme d'affection pour vous, de reconnaissance. Dieu suppléera à mon indigence. Je l'en supplie, quoique je sois muette en sa présence.

DE LA MÊME AU MÊME

Que le Sacré-Cœur soit notre refuge !

Mon très-cher et bien aimé frère,

J'ai été vivement touchée de ce qu'ont souffert et souffrent encore le grand nombre des habitants de la capitale. Quel désastre, quel carnage ! Que de cruautés exercées ! Le sang répandu sans distinction, cela fait frémir; cœurs barbares. Hélas ! combien je crains pour nos chers neveux et nièces. Je compatis à leurs peines sans pouvoir les soulager. Je m'adresse à Dieu à cet effet, attendant tout de sa bonté infinie. Que de personnes plongées dans la douleur, sans ressources !

Je suis entrée à l'infirmerie le 9 mai ; les forces ne reviennent pas, surtout le matin; quelquefois je me sens comme défaillir, on me donne tout ce que la règle accorde. Je suis dans une chambre, au soleil ; au moindre petit mouvement que je me donne, je souffle comme si j'allais expirer ; il me semble que ce n'est que faiblesse ; je m'abandonne à la sainte volonté de Dieu.

Cher frère, avez-vous pensé à prier pour moi le 13, anniversaire de ma prise d'habit ? Pensez-y le 26, celui de ma profession . . . .

Adieu, très-cher frère, toujours avec l'attachement le plus respectueux en Notre-Seigneur.

Votre sœur qui vous aime,
Sr MARIE-ANTOINETTE.

On voit, d'après les différentes lettres que nous venons de citer ici, que la mère Antoinette, malgré les moyens qu'elle employait pour rester inconnue, ne pouvait pas toujours contenir au dedans d'elle-même les sentiments d'ardeur qui l'animaient ; quelques étincelles du feu divin de la charité jaillissaient à l'extérieur et faisaient connaître l'amour qu'elle avait pour son Dieu, pour les religieuses, ses sœurs, pour sa famille qui était dans le monde et lui était si chère.

Mais toujours elle s'abaissait profondément dans la pensée de son néant et de ses imperfections. Elle ne voyait que ses propres défauts, jamais ceux des autres. Les ecclésiastiques elle les regardait comme des Séraphins, ses sœurs les religieuses étaient à ses yeux comme des anges ayant une charité excessive, elle se plaignait de ce qu'elles s'empressaient autour d'elle pour lui rendre les services les plus assidus. Je suis trop bien traitée ici, disait-elle, je n'ai rien à souffrir, je ne fais point pénitence. Combien n'a-t-elle pas pleuré, en apprenant la mort de son bon père si exact à fréquenter les sacrements, mais dont le trépas fut imprévu, ayant fait une chute funeste !.. quelle sensibilité n'éprouva-t-elle pas, lorsqu'elle connut la maladie de son frère, M. le Curé de Fontenay ! Tels sont ses sentiments qu'elle exprime dans les lettres qui nous sont restées.

Après avoir parlé de la vie et des actes de religion de la vénérée mère Antoinette, il ne nous reste plus qu'à donner quelques détails sur sa bienheureuse mort : il me semble, dit une des sœurs de la communauté, dans sa relation, qu'il est utile de rappeler une des dernières actions bien remarquable de celle que nous regrettons à tant de titres. Il s'agit de la réception des derniers sacrements, c'est-à-dire de l'extrême-onction qu'elle reçut à l'Église, en présence de toute la communauté, le dimanche qui précéda sa mort. Cette cérémonie déjà si émouvante par elle-même le fut doublement par un accident assez extraordinaire par la manière dont il arriva. Sans qu'on pût en imputer la faute à personne, à moins de croire que ce soit notre bonne mère Antoinette elle-même qui en fût la cause involontaire, voici ce qui se passa au moment où l'on entrait à l'église. On sortait le saint-sacrement du tabernacle pour donner la bénédiction, les deux sœurs qui portaient son fauteuil s'arrêtèrent au milieu du chœur pour que notre chère malade satisfît sa dévotion. Elle fit son acte d'adoration par une inclination profonde, et au même instant, sans que le fauteuil où elle était assise subît de mouvement, elle se trouva enlevée de dessus comme par une main invisible et prosternée de tout le corps sur le parquet, exactement selon notre manière habituelle. J'avais alors les yeux fixés sur elle, et je ne pouvais m'expliquer d'une manière naturelle ce que je voyais. Mon impression fut si vive, ainsi que celle de nos sœurs qui en furent les témoins, que nous ne pouvions nous empêcher de jeter un cri d'admiration. Nous étions plus mortes que vives. On s'empressa à la relever, et elle nous regarda en souriant, avec un air de satisfaction, nous faisant signe qu'elle n'avait aucun mal.

Après le salut, cette bonne mère Antoinette voulut, avant de recevoir l'extrême-onction, demander pardon à la communauté réunie, ce qu'elle fit d'une voix très-forte, en ces termes : « Mes mères et mes sœurs, je vous demande pardon de la mauvaise édification que je vous ai donnée durant toute ma vie, particulièrement par mon orgueil, surtout pendant que j'ai été votre supérieure. » En entendant de telles paroles dites avec un accent de conviction qui faisait connaître la profonde humilité de notre sainte mère, notre émotion fut à son comble et les larmes inondaient tous les yeux.

Voici les derniers détails sur la mort de la vénérée

mère Antoinette, et ces détails ont été donnés par la révérende mère supérieure des trappistines, dans une lettre adressée à M. Mézerette, frère de la défunte.

Après avoir reçu le sacrement de l'extrême-onction le dimanche 7 janvier, dit-elle, notre chère malade voulut venir le lundi au chœur pour communier. On l'apporta, mais elle ne voulut jamais s'asseoir, elle resta à genoux tout le temps de la sainte messe, à la grande surprise de la communauté. Le lendemain 9, on lui apporta le saint viatique qu'elle reçut sur son lit par obéissance, car elle voulait qu'on la levât. Ce fut pendant son action de grâces qu'on s'aperçut qu'elle baissait. Bien vite on sonna la cloche, et la communauté accourut pour réciter les prières des agonisants ; elles n'étaient pas achevées que déjà cette belle âme s'envolait dans le sein de son Dieu.

Hier, ajoute la révérende mère supérieure, nous enterrions une bonne sœur converse dont les dernières paroles ont été celles-ci : Oh ! qu'il est doux de souffrir et de mourir pour Jésus ! Voilà deux morts qui font envie. Qu'elles sont heureuses !

Puis, dans une autre lettre, la révérende mère supérieure de la communauté de la Cour-Pétral écrit encore ces paroles à M. le curé de Fontenay : Il n'est pas besoin de vous dire que cette vénérée défunte emporte tous nos regrets. *Toutes ont pu apprécier sa rare vertu qui ne s'est jamais démentie.* Cette digne mère était une règle vivante, nous l'appellions notre paratonnerre. Bien des larmes ont coulé à son décès. Pour cette chère mère le moment de jouir de ses sacrifices était arrivé : elle est, nous en avons la douce confiance, à en recevoir le prix, mais nous restons privées de ses précieux exemples. Nos pères directeurs disent des messes pour le repos de sa belle âme, et toute la communauté est en prière, on se sent pressé de l'invoquer, quoique en lui accordant les suffrages de l'ordre.

Enfin, dans une autre lettre elle ajoute : nos sœurs vont prier sur la tombe de notre vénérée mère défunte, ou plutôt vont l'invoquer. Personne ici ne doute qu'elle occupe dans le ciel une place distinguée. Si elle est dans le chœur des vierges, n'avait-elle pas droit aussi à celui des séraphins. Son cœur brûlait d'amour pour Jésus. Ah ! puissions-nous marcher sur ses traces toutes, et aller la rejoindre dans le ciel !

Voici maintenant d'autres lettres qui ont été adressées M. Mezerette, curé de Fontenay, par ses amis, pour le consoler de la mort de sa bienheureuse sœur.

Celle de Mgr Fillion, que nous citons ici, suffirait seule pour remplir de consolations célestes et de douces jouissances un cœur brisé par la douleur et la perte qu'il venait de faire ;

Voici cette précieuse lettre :

Évêché du Mans, le 17 février 1872.

Mon cher curé,

Quelle belle mort ! Recevoir Notre Seigneur sous les voiles du sacrement, pour aller au ciel le contempler face à face et tel qu'il est ; et prendre place dans le chœur des Vierges qui suivent l'Agneau partout où il va ! Ah ! c'est bien le cas de s'écrier, *Beati mortui qui in Domino moriuntur* et d'ajouter, *fiant novissima mea horum similia*.

Je suis plus porté à entonner le *Te Deum* que le *De profundis*, cependant j'unirai mes prières aux vôtres et je porterai le nom de notre chère sœur au saint autel.

Recevez, mon cher Curé, l'assurance que je partage votre deuil et que je suis plus que jamais tout vôtre en N.-S.

† CHARLES, Ev. du Mans.

Je ne pus moi-même, dans une pareille circonstance, m'empêcher d'écrire à un ami auquel j'étais si attaché la lettre suivante et de lui témoigner mes vives et religieuses sympathies, en apprenant par lui la mort de sa sœur, la mère Marie-Antoinette.

J. M. J.

Saint-Julien, le 18 janvier 1872.

Très-cher ami,

J'ai reçu hier, à St-Julien-en-Champagne, où je suis occupé à faire une mission, les lettres que tu m'as envoyées concernant la maladie et la mort de ta sainte et si bonne sœur. Sa belle âme a donc quitté le lieu d'exil et elle est allée se réunir à Dieu, son divin époux, qu'elle aimait uniquement. Oh! comme elle a été bien reçue! comme ce Dieu de bonté est allé au devant d'elle pour l'introduire dans son palais. Il l'a bénie, glorifiée, couronnée. La voilà arrivée au terme de ses désirs, et nous, nous restons dans la vallée des larmes ; mais courage et confiance! du haut du ciel, unie si intimement à notre adorable et divin maître, elle nous sera encore plus utile, et à sa sainte communauté, que sur la terre. Oh ! quel bonheur pour notre cher ami, l'abbé Gasnier, et moi de l'avoir connue et d'avoir été en communication de prières avec une âme si simple, si humble, si parfaite ! Quelle bénédiction et quelle consolation pour toi, cher ami, et pour toute ta famille d'avoir une protectrice au ciel, si puissante et si dévouée ! Oui, je crois qu'elle a été de suite admise à jouir des délices éternelles ; néanmoins je dirai demain la Sainte-Messe pour elle, pour qu'elle puisse, étant dans le séjour de la gloire, en appliquer le mérite aux âmes du Purgatoire pour lesquelles elle a tant prié. Pour toi, cher ami, prends bien soin de ta santé, tes membres affaiblis recouvreront la force au printemps et surtout pendant les grandes chaleurs de l'été ; nous prierons pour cela. Si je puis t'être utile, il suffira de m'écrire un mot, et tu peux compter sur ton ami tout dévoué et intime.

J. GAUTIER,
Missionnaire.

Voilà donc exposés les détails édifiants de la vie et de la mort d'une sainte religieuse. Quand nous nous permettons de l'appeler ainsi, que nous la qualifions de *sainte*, les R. mères et sœurs de N.-D. de la Trappe, et nous aussi qui avons écrit cette notice, on doit bien comprendre ici notre pensée, car nous savons, et c'est l'enseignement de l'Église, qui est infaillible dans les jugements qu'elle prononce, qu'il n'y a de saints et de bienheureux que ceux qui sont parvenus à la gloire céleste et canonisés, reconnus comme tels. Mais nous savons en même temps qu'il y a des saints et des saintes parmi les hommes, des personnes généreuses qui s'appliquent à imiter J.-C., à rendre leur vie conforme à sa vie divine, et en les voyant, nous disons, tout en conformant nos pensées et nos sentiments à la doctrine de l'Église : *voilà une sainte personne sur la terre, elle a opéré des œuvres dignes du ciel;* et ce langage n'a rien d'opposé à la foi, c'est le langage ordinaire qu'on tient dans le monde.

Ce qu'il y a de certain c'est qu'il y a parmi nous des âmes éminentes en vertu qui ne refusent rien à Dieu, élevées à la plus sublime perfection, qui ne seront jamais bien connues que dans le ciel, et plus ces âmes auront été anéanties en ce monde plus elles seront exaltées en dignité dans la gloire, selon la parole de l'Évangile : *celui qui s'abaisse sera exalté* ; or la mère Marie-Antoinette était une de ces âmes, et on peut avancer ici qu'il est bien difficile de trouver une âme aussi parfaite que celle dont nous parlons, aussi dénuée, détachée d'elle-même et de toutes les choses créées, aussi unie à Dieu par l'oraison, aussi humble, aussi mortifiée. C'est donc avec le sentiment d'une profonde conviction et d'une assurance intime qu'on peut dire que Notre-Seigneur, en voyant paraître devant lui cette épouse digne de Dieu et si chère à son cœur, lui a ouvert son royaume; si elle a été retenue dans les flammes du purgatoire, ce n'est qu'en passant, un instant, elle à tant aimé Dieu, tant fait de chemins de croix, assisté à tant de sacrifices, que les mérites de la Passion appliqués à cette âme, et le sang de J.-C. qui a coulé pour elle, l'ont purifiée, sanctifiée, rendue digne de la couronne de gloire. Dieu maintenant est son partage, sa récompense pour l'éternité, et ce bonheur nous est réservé.

C'est à nous maintenant d'écouter et de mettre en pratique les préceptes de St-Paul qui nous dit : *Suivez l'exemple qui vous a été donné.* C'est à nous maintenant de marcher constamment vers le but auquel nous tendons en suivant les traces de la sainte et vénérée religieuse qui est pour nous un modèle si accompli ; et comme elle n'a aimé que Dieu seul et agi en toutes choses pour sa gloire, demandons dans nos prières, au nom de l'adorable Trinité et du Cœur de Jésus, que l'empire de Dieu, le règne de son amour, s'établisse dans tous les lieux du monde et que J.-C., Notre Seigneur, soit connu, aimé, adoré de tous les hommes, son Cœur exalté, l'Immaculée-Conception exaltée également glorifiée, chantée par tout l'univers. Entrons dans les sentiments des patriarches et écrions-nous, comme eux, avec transport : que les nues fassent pleuvoir le juste et que la terre enfante le Sauveur.

Mais hélas ! de nos jours il s'est trouvé des pécheurs qui ont dit dans leur cœur insensé: faisons disparaître les fêtes de Dieu de dessus la terre, nous ne voulons pas que J.-C. règne sur nous. Oh! qu'ils sont coupables ces pécheurs qui tiennent cet affreux langage! ils méritent d'être punis, et cependant ils sont dignes de compassion, ils ne savent ce qu'ils font. Levez-vous, Dieu tout puissant, père éternel ! Soutenez notre cause, dissipez les ennemis de votre nom et de la gloire de votre divin fils, comme le vent dissipe la poussière, frappez de grands coups, mais que ce soient des coups de miséricorde, ayez pitié de nous, Seigneur, pardonnez aux pécheurs. Toutefois, du trône où vous régnez au plus haut des cieux, protégez l'Eglise qui est le royaume de J.-C. qu'il a engendrée sur la croix, formée de son sang pour vous gagner les cœurs des hommes, sauver les âmes. Rendez-là triomphante de toutes les attaques incessantes qu'on lui livre de toutes parts, protégez l'Eglise et son chef visible le Souverain-Pontife, brisez les liens qui le retiennent captif et enchaînent son pouvoir divin et son autorité paternelle ! qu'il lui soit donné de voir enfin le triomphe si ardemment désiré et le règne de paix que vous seul, ô mon Dieu, pouvez donner ; protégez la fille ainée de l'Eglise, la France, notre patrie, qu'elle relève la tête et soit couronnée d'honneur et de gloire ; après tant de malheurs et d'humiliations, qu'elle reprenne son rang auprès du Saint-Père, notre bien-aimé Pontife, et soutienne ses droits et ceux du saint Siége apostolique ! Envoyez votre esprit, Dieu créateur et tout-puissant, et par lui vous renouvellerez la face de la terre, vous changerez le monde en monde chrétien ! Le temps est venu d'opérer ce changement merveilleux. Que la religion refleurisse par tout l'univers ! Que la foi catholique brille d'un éclat radieux aux yeux de tous les peuples ! Que les nations même infidèles, idolâtres, se convertissent au Christianisme ! Qu'il y ait partout un renouvellement général, une transformation divine ! Que la terre se peuple de saints et de saintes, d'anges célestes ou d'âmes angéliques ! Que le sacerdoce se peuple de saints prêtres, pieux, instruits, dévorés de zèle pour la gloire de Dieu et le salut des âmes ! Que les communautés religieuses se peuplent de vierges nombreuses et de novices qui par l'éclat de leur pureté et de leurs vertus édifient le monde et le sanctifient, qu'elles augmentent toujours en nombre et en sainteté ! Que ses maisons d'éducation se peuplent de pensionnaires, d'enfants de Dieu, de jeunes personnes ferventes comme des anges, et qui croissent ainsi en sagesse et en vertu !

Mais ce n'est pas seulement sur la terre, ô mon Dieu, que nous désirons voir germer et se former des cœurs purs et angéliques et des saints d'une perfection accomplie; nous voudrions, par l'ardeur de nos désirs et l'élan de nos cœurs, peupler le ciel même de nouveaux habitants ; nous voudrions dès à présent, ô Dieu de nos cœurs, ô délices de nos âmes, pour vous aimer davantage, entrer dans la cité de votre amour, nous élever jusqu'à vous, aller nous prosterner au pied de votre trône éternel, et là, en présence de votre majesté divine, nous consumer d'amour avec les anges et les bienheureux, semblables à ces lampes ardentes qui brûlent sans cesse le jour et la nuit, devant le trône de l'Agneau et le tabernacle où repose Jésus-Christ dans le sacrement de la divine Eucharistie.

Mais ce n'est pas assez, Seigneur, nos vœux ne seraient pas encore satisfaits, pour rendre le tribut d'amour digne de vos grandeurs, de vos amabilités, nous voudrions avoir le Cœur du Verbe incarné, de votre Fils bien-aimé, pour vous aimer de l'amour dont vous nous aimez vous-même, ô mon Dieu, c'est-à-dire d'un amour immense, infini, tout divin ! Nous voudrions avoir le cœur de Marie, mère Immaculée de Dieu, le cœur le plus pur, le plus saint, le plus parfait et le plus embrasé de charité qui fut jamais, pour vous aimer, ô Créateur et Sauveur de nos âmes, d'un amour incomparable.

Nous voudrions avoir l'amour des chœurs angéliques, des brûlants Séraphins, des Chérubins embrasés qui ne cessent de répéter dans leurs transports d'amour, il est Saint, il est Saint, le Seigneur, le Dieu des armées, tout l'univers est rempli de sa gloire !

Nous vous offrons, ô mon Dieu, leurs hommages et leurs adorations, toutes les actions de grâces et les louanges des saints du ciel ! et les soupirs et les désirs enflammés des âmes du purgatoire. Ah ! le feu qui les brûle dans le lieu d'expiation n'est pas aussi vif, aussi ardent que celui de l'amour divin qui les transporte. Elles s'élancent vers vous, Seigneur, avec une ardeur et un désir extrême de vous posséder, doux Jésus, sainte Mère de Dieu ; ouvrez-leur vos cœurs compatissants, ouvrez-leur le séjour de gloire.

O mon Dieu, si nous avions tous les cœurs des hommes, nous vous les donnerions, vous les méritez bien, vous qui les avez créés; nous n'avons que les nôtres qui sont encore si imparfaits, ah ! du moins nos cœurs sont à vous, Dieu si bon, si aimable, nous vous offrons tous les battements, tous les mouvements de nos cœurs, toutes les aspirations de nos âmes, nos pensées, nos désirs, comme autant d'actes d'amour; que tout ce qui est en nous et hors de nous vous rende hommage et chante vos louanges! à la vie à la mort, nous sommes à vous, Seigneur, ô Jésus, notre Sauveur, nous vous appartenons, disposez de nous comme il vous plaira, ouvrez-nous votre adorable Cœur et celui de notre Mère Immaculée la divine Marie ; nous voulons vivre et mourir pour vous, vivre et mourir d'amour, vous glorifier éternellement. Ainsi soit-il !

Chartres. — Imprimerie DURAND Frères, rue de l'Hospice.

www.ingramcontent.com/pod-product-compliance
Lightning Source LLC
Chambersburg PA
CBHW070244100426
42743CB00011B/2129